Adosphère

Méthode de français

A1.A2

2

Céline Himber   Marie-Laure Poletti

hachette
FRANÇAIS LANGUE ÉTRANGÈRE

www.hachettefle.fr

Couverture : Nicolas Piroux.

Photos de couverture : Tin Cuadra et Nicolas Piroux

Création du graphisme intérieur : Anne-Danielle Naname.

Mise en pages : Anne-Danielle Naname, Adeline Calame.

Illustrations : Frédérique Vayssières, Sylvain Giraut (p. 16, 112 et 113).

Reportage photo (adolescents) et photogravure : Tin Cuadra.

Montages photo : Anne-Danielle Naname et Cécile Chaumet.

Secrétariat d'édition : Astrid Rogge.

Étude marketing « les centres d'intérêts des jeunes adolescents » : ABC + consultants.

Remerciements

Nous remercions tout particulièrement pour sa relecture du manuscrit et ses suggestions pédagogiques :
Eva Álvarez de Eulate, professeur de français et proviseur du Lycée Leopoldo Cano à Valladolid en Espagne.

Nous remercions aussi tous les professeurs de FLE consultés lors des différentes enquêtes pour leurs avis constructifs.

Un grand merci aux adolescents qui ont posé pour les photos, avec dans l'ordre d'apparition dans les modules : Louis (Étienne), Audrey (Manon), Paul (Antoine), René (Akiko), Olivier (Hugo), Anjana (Émilie), Yohan (Wassim), Elsa (Jeanne).

ISBN : 978-2-01-155715-5

Avant-propos

Adosphère est une méthode qui s'adresse à des adolescents débutant l'apprentissage du français comme langue vivante 1 ou 2. **Adosphère niveau 2** clôt le niveau A1 du *Cadre européen commun de référence pour les langues* (CECRL) et couvre une partie du niveau A2. Prévu pour 50 à 60 heures de cours, le niveau 2 de la méthode prépare au DELF A1 et A2.

Adosphère, un univers

Pour faire découvrir et apprendre la langue française, la méthode propose d'entrer dans l'univers et l'atmosphère de l'adolescence. *Adosphère 2* propose huit nouvelles rencontres avec huit autres adolescents, filles et garçons, qui vont se rencontrer, parler de leurs passions, partager leurs expériences, proposer des photos ou des informations qui les touchent. Chacun des huit modules porte le nom d'un adolescent et présente son monde ainsi que les différentes *sphères* dans lesquelles il évolue : la *sphère privée* (« moi »), la *sphère sociale* (« moi et les autres », les copains et les copines) et la *sphère publique* (« moi et le monde »).

Adosphère, des choix méthodologiques

Adosphère adopte une **démarche actionnelle**. À partir d'un contrat d'apprentissage défini pour chaque module, la progression s'articule autour de trois leçons d'apprentissage. L'objectif final de l'apprentissage est l'accomplissement d'une **tâche** à réaliser en interaction.

Adosphère accorde une place importante à l'**oral** avec plus de 2 h 30 d'enregistrement ainsi qu'à l'**apprentissage de la langue**, à la **mémorisation** et à la **systématisation**. *Adosphère* fait travailler les différentes **compétences** : compréhension orale, expression orale en interaction et en continu, compréhension et expression écrites, et multiplie les situations où l'**apprenant est actif** et fait appel à son imaginaire ainsi qu'à son expérience personnelle. Le « dossier perso », dans le cahier d'activités, permet à l'élève de conserver les productions personnelles.

Adosphère s'intègre dans le **cursus scolaire** en proposant dans chaque module des pages **interdisciplinaires** – « mes matières en français » –, qui permettent d'apprendre à utiliser la langue française pour d'autres apprentissages. Une rubrique « apprendre à apprendre » met l'accent sur l'**autonomisation de l'élève** (faire ses devoirs, utiliser son dictionnaire…) et l'acquisition de **stratégies d'apprentissage** (améliorer la prononciation, mieux comprendre la grammaire, etc.).

Adosphère propose une **ouverture sur le monde francophone** à la fois par le choix des situations de vie quotidienne vécues par les adolescents de la méthode et par la page « culture » qui incite à une réflexion interculturelle.

Adosphère propose un **dispositif d'évaluation complet** : une évaluation sommative des quatre compétences dans le livre de l'élève (« évaluation DELF »), une évaluation formative sur les objectifs communicatifs dans le cahier d'activités avec un portfolio qui permet de s'orienter vers des activités de remédiation (« mon portfolio »), et une évaluation linguistique dans le livre du professeur (« tests »).

Adosphère, un ensemble pédagogique complet

En complément de ce livre de l'élève, *Adosphère* propose **un cahier d'activités** avec **CDRom**, **deux CD audio classe** avec la totalité des enregistrements, un **manuel numérique interactif** pour le professeur, un guide pédagogique et un DVD avec toutes les vidéos.

Entrez dans l'Adosphère !

Céline Himber et Marie-Laure Poletti

Un parcours structuré et sécurisant

Pour chaque module :

Une page d'ouverture active

Présentation
du personnage

Contrat d'apprentissage
> objectifs fonctionnels
> tâches correspondantes

Activités
d'échauffement

Trois leçons d'apprentissage

Leçon 1 : Moi et les autres

L'adolescent du module évolue dans des situations de communication « authentiques ». Un dialogue enregistré sert de document d'accroche.

Leçon 2 : Ma page perso

L'adolescent présente sa passion. Il s'agit d'un document de la sphère privée.

Leçon 3 : Mes découvertes

L'adolescent présente une de ses découvertes : un document authentique qui « ouvre » sur le monde (jeu, interview, test, fiches, etc.).

Activité de mise en route

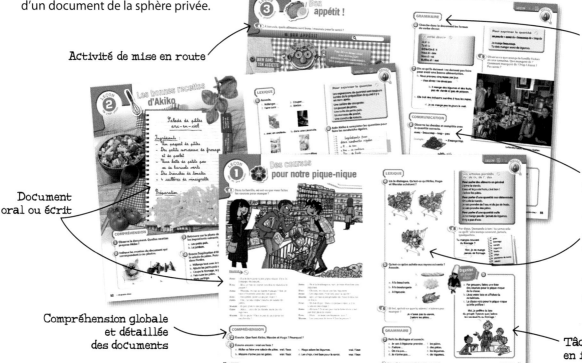

Grammaire :
des tableaux
complets

Communication,
jeux de rôles

Lexique
en contexte,
chansons

Phonétique
en contexte

Document
oral ou écrit

Compréhension globale
et détaillée
des documents

Tâche à réaliser
en interaction

Une leçon de prolongement

Ma page Culture

Documents qui incitent à une réflexion interculturelle et présentent des aspects de la civilisation française ou francophone.

Activités de découverte, de compréhension des documents et de réflexion interculturelle

Vidéo : pour prolonger la culture, disponible sur manuel numérique ou en DVD

Mes matières en français

Une approche interdisciplinaire avec une discipline scolaire étudiée en français : mathématiques, sciences et technologies, arts plastiques, musique, histoire, géographie, sport.

Une double page « Entraîne-toi »

Exercices de systématisation sur les différents points de langue.

Grammaire

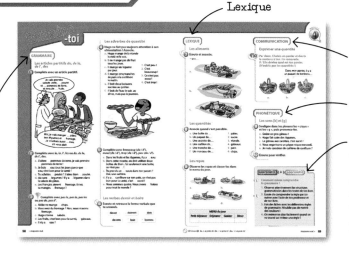

Lexique

Communication

Phonétique

Apprendre à apprendre : autonomisation de l'élève (faire ses devoirs, utiliser son dictionnaire) et acquisition de stratégies d'apprentissage (apprendre le vocabulaire, comprendre un texte écrit).

Une page d'évaluation

Évaluation sur les 4 compétences, qui prépare au DELF.
Chaque activité est notée sur 5. L'élève peut reporter ses résultats dans le cahier d'activités.

Ton dico : liste des mots nouveaux du module, enregistrée.

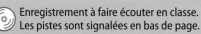 Enregistrement à faire écouter en classe. Les pistes sont signalées en bas de page.

Renvoi à « Ton dico illustré » (p. 109 à 117).

 Activité de production orale, à faire seul ou en interaction.

 Vidéo à visionner sur le manuel numérique ou le DVD.

 Activités « champion » (les plus difficiles).

 Activité qui peut être prolongée sous une forme numérique.

Tableau des contenus

	APPRENDRE À...	**POUR... (TÂCHES)**
**MODULE 1 — Étienne**	• Parler de ta nationalité, de tes origines • Décrire ton caractère et celui de tes copains • Parler de ta vie au collège et de ton emploi du temps • Poser des questions	• Faire l'interview d'un(e) camarade • Faire la visite guidée de ton collège • Réaliser une photo de classe
**MODULE 2 — Manon**	• Localiser dans l'espace • Exprimer un désir • Faire visiter ta maison • Décrire ta chambre	• Retrouver un objet perdu • Écrire un poème • Imaginer ta chambre idéale
**MODULE 3 — Antoine**	• Compter de 70 à 100 • Faire des achats • Parler de ton argent de poche, de tes dépenses • Parler de tes passions	• Acheter un cadeau pour un(e) camarade • Commencer une collection • Organiser un vide-greniers dans la classe
**MODULE 4 — Akiko**	• Exprimer une quantité • Parler de ton alimentation • Faire des recommandations • Faire une liste de courses	• Organiser un pique-nique • Créer une recette originale • Composer un repas
**MODULE 5 — Hugo**	• Compter jusqu'à l'infini • Raconter des événements passés • Localiser dans le temps • Donner des informations biographiques	• Raconter une aventure • Écrire un article sur une star • Imaginer une épreuve pour le jeu Fort Boyard
**MODULE 6 — Émilie**	• T'exprimer en évitant les répétitions • Exprimer tes besoins et tes sensations • Présenter un projet • Exprimer la condition	• Organiser une collecte • Raconter une expérience de projet humanitaire • Passer son brevet de secouriste
**MODULE 7 — Wassim**	• Poser des questions formelles • Parler des qualités pour exercer un métier • Exprimer la possibilité • Exprimer une nécessité (*il faut*)	• Faire l'interview d'un professionnel • Réaliser une fiche métier • Jouer au jeu des métiers
**MODULE 8 — Jeanne**	• Parler du temps qu'il fait • Donner des informations sur un lieu • Parler de l'avenir • Comparer	• Présenter la météo • Imaginer ta vie en 2030 • Imaginer les habitants d'une autre planète

En annexe : Ton dico illustré (p. 109-117), les actes de paroles (p. 118-120),
un précis grammatical (p. 121-124), un tableau de conjugaison (p. 125), une carte de France (p. 126).

GRAMMAIRE	LEXIQUE	PHONÉTIQUE	CULTURE	DISCIPLINE	APPRENDRE À APPRENDRE
● Les adjectifs de nationalité, d'origine ● Les verbes *prendre, comprendre* et *apprendre* ● Les adjectifs de caractère ● Les adverbes de fréquence ● L'interrogation avec *où, quand, comment, pourquoi* (révision)	● Le collège ● Les matières scolaires (révision) ● Le caractère	● L'accentuation de la dernière syllabe des mots	Grand jeu du collège français	Mon cours d'instruction civique	Comment faire pour être bien au collège ?
● Les prépositions et adverbes de lieu ● *C'est…* / *Il (Elle) est…* *Ce sont…* / *Ils (Elles) sont…* ● Le verbe *vouloir*	● Les pièces de la maison ● Les objets et les meubles ● La chambre ● Les couleurs (révision)	● Les sons [f] / [v] et [b] / [p]	La vie de château	Mon cours de littérature : la poésie	Comment améliorer sa prononciation en français ?
● Les pronoms COD ● Les adjectifs démonstratifs ● Les questions avec *combien*	● Les nombres de 70 à 100 ● Les achats et l'argent ● Les magasins ● Les cadeaux et les objets	● Les sons [ʃ] et [ʒ]	Où acheter en France ?	Mon cours de géographie : l'Europe et les monnaies	Comment chercher la signification d'un mot ?
● Les articles partitifs *du, de la, de l', des* ● *Pas de, pas d'* ● Les adverbes de quantité ● Les verbes *devoir* et *boire*	● Les aliments ● Les quantités ● Les repas ● Les rayons du supermarché	● Les sons [k] et [g]	À la table des Français	Mon cours de maths : les mesures	Comment mieux comprendre la grammaire ?
● Le passé composé avec *avoir* et *être* ● Les marqueurs chronologiques ● Les adverbes *déjà* et *jamais*	● Les stars ● La télévision ● Les nombres jusqu'à l'infini	● Les sons [ə] et [e]	La télévision française	Mon cours d'histoire : les grandes époques historiques	Comment trouver la motivation quand c'est difficile ?
● Les pronoms COI ● *Si* + présent ● Les pronoms indéfinis *quelqu'un, quelque chose, personne, rien* ● La négation avec *ne… rien* et *ne… personne*	● L'aide humanitaire ● Les besoins et les sensations ● La santé et les secours	● Le son [ɥ]	Les Français et l'humanitaire	Mon cours de sciences : les microbes	Comment participer à un projet de groupe ?
● Le verbe *pouvoir* ● La question formelle (avec inversion du sujet) ● *Il faut* + infinitif	● Les métiers ● Les lieux de travail	● Les sons [ø] et [œ]	Le cinéma français	Mon cours d'arts plastiques : comment réaliser un dessin animé ?	Comment faire pour bien comprendre une séquence vidéo ?
● Le pronom relatif *où* ● Le futur simple ● Les comparatifs *plus (de)* et *moins (de)*	● La météo et les saisons ● Quelques mots du futur ● Le système solaire et l'espace	● Le e caduc au futur simple	Science et Fiction	Mon cours de sciences physique : qu'est-ce qu'un orage ?	Comment comprendre une conversation en français ?

 Un lexique multilingue de 300 mots est téléchargeable sur le site **www.hachettefle.fr**

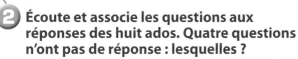

Faisons connaissance !

1 **Observe et lis. À ton avis, qui aime…**

   a. les sciences ?
   b. l'aventure ?
   c. la cuisine ?
   d. les collections d'objets ?
   e. les poèmes ?
   f. le collège ?
   g. le cinéma ?
   h. les projets humanitaires ?

2 **Écoute et associe les questions aux réponses des huit ados. Quatre questions n'ont pas de réponse : lesquelles ?**

Exemple : *n° 1 → Jeanne.*

3 **Joue avec la classe.**

Par petits groupes, jouez avec deux dés.

   a. Lance les dés, puis réécoute la question correspondant au numéro sur les dés. Si tu sais répondre, ton équipe marque un point !
   b. Une autre équipe lance les dés, etc.
   c. Comptez vos points.

4 **Imagine d'autres questions à poser à tes camarades. Avec la classe, numérotez vos questions et continuez le jeu.**

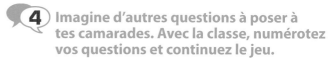

Étienne

> Au Québec, je vais au collège en voiture. Mais en France, j'habite chez mon correspondant. C'est à cinq minutes à pied de notre collège !

> Mon anniversaire, c'est le 30 septembre. C'est bientôt ! Je vais organiser un pique-nique avec mes copains et préparer un gros gâteau ! Miam !

Akiko

> Aujourd'hui c'est dimanche, Et je suis dans ma chambre Pour écrire des poèmes, C'est une journée comme j'aime !

Manon

Dix bonnes raisons d'apprendre

POURQUOI apprendre le français ?

1 Pour visiter la tour Eiffel, le château de Versailles ou le musée du Louvre.

2 Pour comprendre et chanter les chansons de Manu Chao ou de Diam's.

3 Pour se faire des amis français sur Internet.

4 Pour lire *Tintin*, *Le Petit Prince* et beaucoup d'autres livres en français.

5 Pour regarder et comprendre des films comme *Coco Chanel* ou *La Môme*.

6 Pour goûter tous les fromages français !

7 Pour connaître une langue parlée sur les cinq continents.

8 Pour aller en vacances au Sénégal ou au Québec.

9 Parce que c'est la langue des droits de l'homme.

10 Pour aller au Festival de Cannes !

E

C

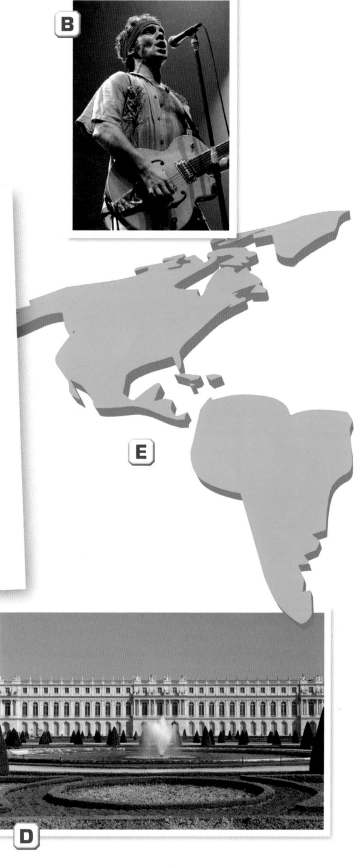

D

le français !

F

1. Lis le document et écoute.

2. Associe les photos aux différentes raisons d'apprendre le français.
   Exemple : *photo A → raison n° 4.*

3. Et toi ? Choisis trois raisons pour lesquelles tu apprends le français. Quelles sont les trois raisons principales de la classe ?

4. Avec la classe, inventez d'autres raisons d'apprendre le français et fabriquez une affiche.
   Exemple : *J'apprends le français parce qu'on a un super livre !*

K

G

PALME D'OR
FESTIVAL DE CANNES

H

J

---

apprendre à **apprendre** Comment utiliser son livre ?

1. Tu ne comprends pas un mot ?

Regarde ton dico p. 109

2. Tu cherches la conjugaison d'un verbe ?

Regarde les tableaux p. 125

3. Tu ne comprends pas une règle de grammaire ?

Regarde le précis grammatical p. 121

4. Tu voudrais savoir ce que tu vas apprendre ?

Regarde le contrat d'apprentissage sur la première page de chaque module

---

Révise ton français !

1 Amuse-toi à réviser ton français.
Choisis la bonne réponse, puis lis les solutions.

1 **Pour te présenter, tu dis :**
- **a.** Je suis Rémi et je suis 13 ans.
- **b.** Je m'appelle Rémi et je suis 13 ans.
- **c.** Je m'appelle Rémi et j'ai 13 ans.

2 **Pour interviewer un(e) camarade, tu dis :**
- **a.** Qu'est-ce que tu aimes le sport ?
- **b.** Est-ce que tu fais comme sport ?
- **c.** Est-ce que tu aimes le sport ?

3 **Pour parler de tes ressemblances avec un(e) camarade, tu dis :**
- **a.** On est brun(e)s.
- **b.** On est les cheveux bruns.
- **c.** On a les cheveux brunes.

4 **Pour parler de tes vêtements, tu dis :**
- **a.** J'ai un t-shirt vert et des baskets blancs.
- **b.** J'ai un t-shirt vert et des baskets blanches.
- **c.** J'ai un t-shirt verte et des baskets blanches.

5 **Pour parler de ton sport préféré, tu dis :**
- **a.** Je joue au football.
- **b.** Je fais le football.
- **c.** Je joue du football.

6 **Pour dire où tu habites, tu dis :**
- **a.** Chez moi, c'est à côté de la bibliothèque.
- **b.** Chez moi, c'est à côté la bibliothèque.
- **c.** Chez ma maison, c'est à côté de la bibliothèque.

7 **Pour dire l'heure, tu dis :**
- **a.** Il est dix heures moins quart.
- **b.** Il est à dix heures moins le quart.
- **c.** Il est dix heures moins le quart.

8 **Pour parler de ta famille, tu dis :**
- **a.** Ma père et ma mère s'appellent Lisa et Marc.
- **b.** Mon père et ma mère s'appellent Lisa et Marc.
- **c.** Mon père et mon mère s'appellent Lisa et Marc.

2 **Écoute et chante la chanson d'Adosphère !**

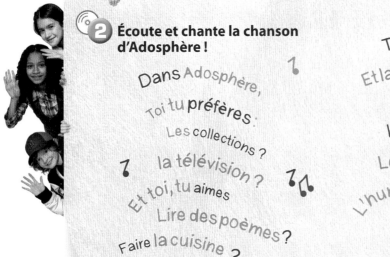

Dans Adosphère,
Toi tu préfères :
Les collections ?
la télévision ?
Et toi, tu aimes
Lire des poèmes ?
Faire la cuisine ?

Tourner des films ?
Et la nature
Ou l'aventure ?
L'école en France ?
Le cours de sciences ?
L'humanitaire ?
Quelle est ta sphère ?

Solutions :
1c – 2c – 3a – 4b – 5a – 6a – 7c – 8b

Étienne

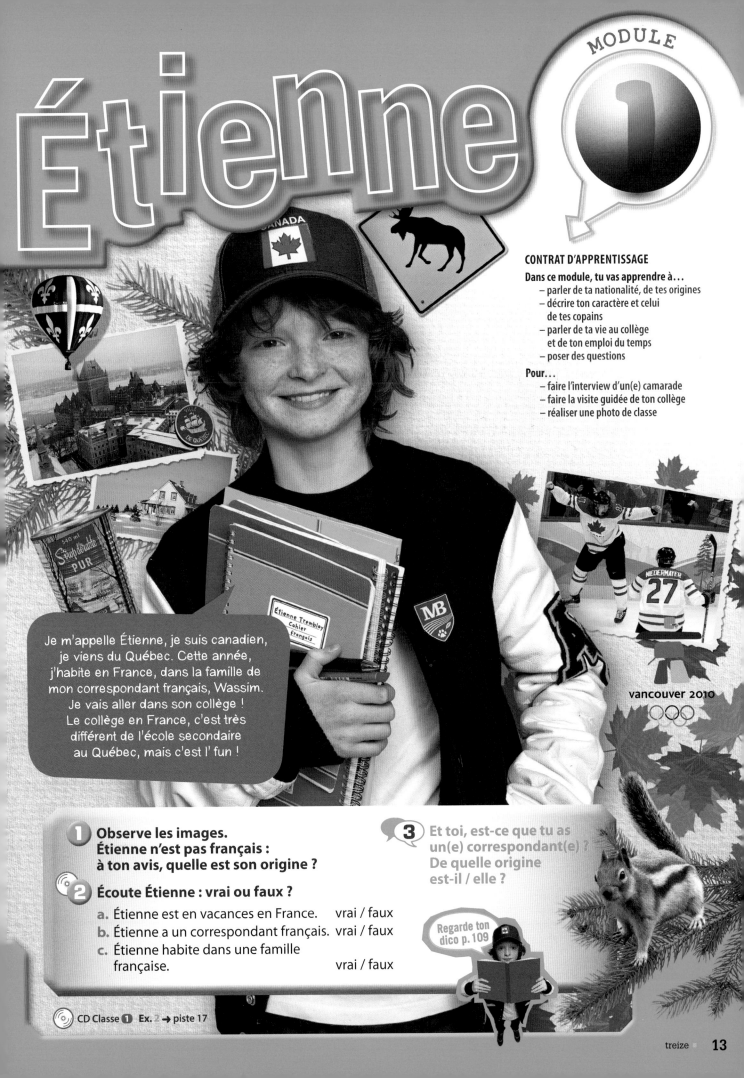

CONTRAT D'APPRENTISSAGE

Dans ce module, tu vas apprendre à...
- parler de ta nationalité, de tes origines
- décrire ton caractère et celui de tes copains
- parler de ta vie au collège et de ton emploi du temps
- poser des questions

Pour...
- faire l'interview d'un(e) camarade
- faire la visite guidée de ton collège
- réaliser une photo de classe

vancouver 2010

Je m'appelle Étienne, je suis canadien, je viens du Québec. Cette année, j'habite en France, dans la famille de mon correspondant français, Wassim. Je vais aller dans son collège ! Le collège en France, c'est très différent de l'école secondaire au Québec, mais c'est l' fun !

1 Observe les images.
Étienne n'est pas français :
à ton avis, quelle est son origine ?

2 Écoute Étienne : vrai ou faux ?

   a. Étienne est en vacances en France.   vrai / faux

   b. Étienne a un correspondant français.   vrai / faux

   c. Étienne habite dans une famille française.   vrai / faux

3 Et toi, est-ce que tu as un(e) correspondant(e) ? De quelle origine est-il / elle ?

Regarde ton dico p. 109

CD Classe **1** **Ex. 2** ➜ piste 17

treize **13**

Un Canadien au collège

1 Observe le dessin. À ton avis, où sont les personnages ?

DIALOGUE

Wassim. – Salut les filles, je vous présente Étienne, mon correspondant québécois.

Émilie. – Pourquoi est-ce que tu es en France, dans notre collège ?

Étienne. – Parce que j'adore la France et…

Émilie. – Tu habites où ?

Étienne. – J'habite chez…

Manon. – Quand est-ce que tu rentres au Québec ?

Étienne. – Je suis ici trois mois, je rentre…

Émilie. – Trois mois ! Et qu'est-ce que tu aimes en France ?

Manon. – C'est comment le collège au Québec ?

Wassim. – Arrêtez avec vos questions, Étienne n'est pas une star de cinéma !

Émilie. – Non, mais c'est la star du collège ! Un Canadien chez des Français… !

Wassim. – On est tous un peu étrangers ! Moi, je suis d'origine algérienne… Le grand-père de Manon est américain et toi, Émilie, ton père n'est pas espagnol ?

Émilie. – Euh… si ! Et ma mère est malgache !

Étienne. – Alors on est tous des stars, c'est l' fun !

Manon. – Quoi ?

Émilie. – « C'est l' fun », ça veut dire « c'est amusant » au Québec !

COMPRÉHENSION

2 Écoute le dialogue : vrai ou faux ?

a. Étienne est en France parce qu'il aime la France.   vrai / faux

b. Étienne reste en France trois jours.   vrai / faux

c. Étienne est une star de cinéma.   vrai / faux

d. Wassim et ses copines ne sont pas d'origine française.   vrai / faux

3 Écoute encore et associe.

a. Wassim   b. Émilie

c. Étienne

1. est canadien.
2. est d'origine américaine.
3. est d'origine algérienne.
4. est d'origine malgache.

d. Manon

GRAMMAIRE

 4 Écoute et choisis ce que tu entends.

a. canadien – canadienne ;
québécoise – québécois
b. espagnols – espagnoles
c. algérienne – algérien
d. américaine – américain

Les adjectifs de nationalité, d'origine

Au singulier

Masculin		Féminin
québéc**ois**.		québéc**oise**.
améric**ain**.		améric**aine**.
algér**ien**.		algér**ienne**.
Il est canad**ien**.	**Elle** est	canad**ienne**.
espagn**ol**.		espagn**ole**.
franç**ais**.		franç**aise**.
malgach**e**.		malgach**e**.

Au pluriel
Les adjectifs de nationalité prennent un **s**.

Ils sont américain**s**.	Elles sont espagnole**s**.
Ils sont québéc**ois**.	Elles sont québéc**oises**.

 5 Phonétique.
Écoute encore les adjectifs et compte le nombre de syllabes. Sur quelle syllabe est placé l'accent tonique ?

Exemple : qué-bé-<u>cois</u> (trois syllabes) ;
a-mé-ri-<u>caine</u> (quatre syllabes).

 6 Et toi, quelle est ton origine ? Faites la liste de toutes les origines de la classe.

Regarde ton dico p. 109

Moi, je suis française,
mais ma mère est malgache.

COMMUNICATION

 7 Écoute les réponses d'Étienne et retrouve dans le dialogue les questions correspondantes.

Exemple : *a. J'habite chez Wassim, mon correspondant.* → *Tu habites où ?*

Pour poser des questions (révision)

Tu habites **où** ? = **Où est-ce que** tu habites ?

Tu rentres **quand** ?
= **Quand est-ce que** tu rentres ?

Pourquoi tu es en France ?
= **Pourquoi est-ce que** tu es en France ?

Comment c'est ? = C'est **comment** ?
Qu'est-ce que tu aimes ?

Fais l'interview d'un(e) camarade ! 8

a. Par deux, choisissez un(e) élève dans la classe.
b. Préparez cinq questions à lui poser.

1. Qu'est-ce que tu aimes au collège ?
2. Quand est-ce que...

c. Devant la classe, posez vos questions à l'élève, qui répond, et apprenez à vous connaître !

Qu'est-ce que tu aimes au collège ?

J'adore les cours de français !

LEÇON 2

Ma page perso

Ma vie au collège en France

1 Observe le dessin. À ton avis où est-ce que c'est ?

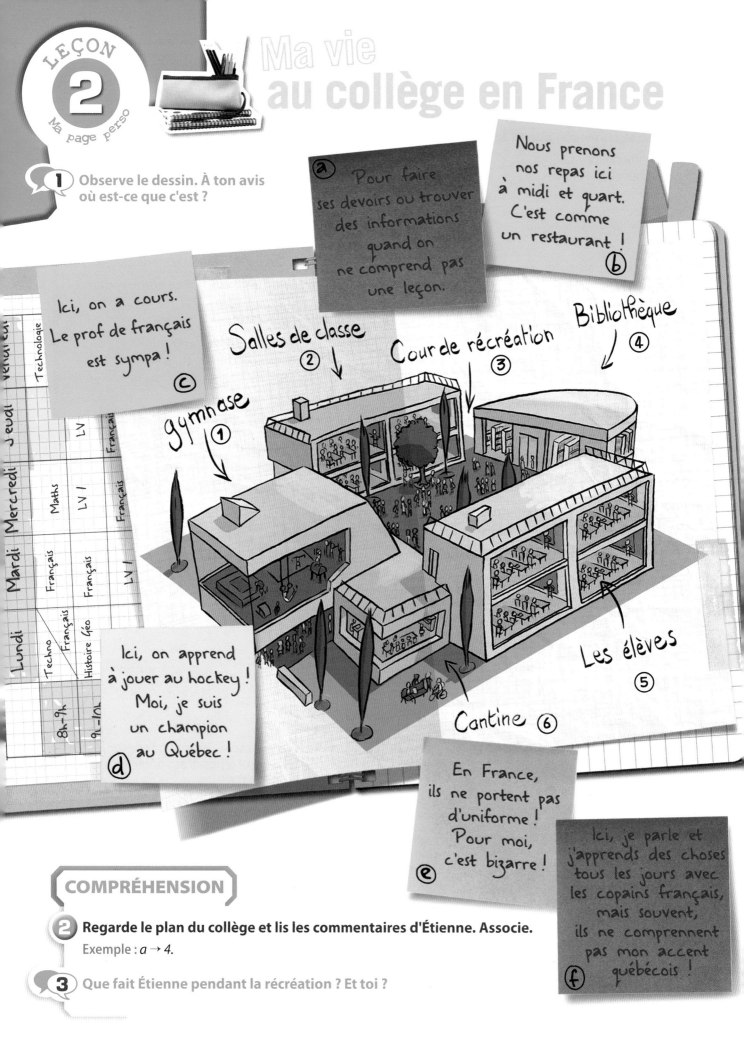

(a) Pour faire ses devoirs ou trouver des informations quand on ne comprend pas une leçon.

(b) Nous prenons nos repas ici à midi et quart. C'est comme un restaurant !

(c) Ici, on a cours. Le prof de français est sympa !

Salles de classe (2)

Cour de récréation (3)

Bibliothèque (4)

Gymnase (1)

(d) Ici, on apprend à jouer au hockey ! Moi, je suis un champion au Québec !

Les élèves (5)

Cantine (6)

(e) En France, ils ne portent pas d'uniforme ! Pour moi, c'est bizarre !

(f) Ici, je parle et j'apprends des choses tous les jours avec les copains français, mais souvent, ils ne comprennent pas mon accent québécois !

COMPRÉHENSION

2 Regarde le plan du collège et lis les commentaires d'Étienne. Associe.

Exemple : *a → 4.*

3 Que fait Étienne pendant la récréation ? Et toi ?

LEÇON 1 **2** 3 — MODULE **1**

LEXIQUE

4 Écoute Étienne présenter son emploi du temps et associe.

Matière
a. Français
b. Histoire-géographie
c. Sciences et Vie de la Terre
d. Physique-chimie
e. Technologie
f. Anglais
g. Arts plastiques
h. Mathématiques
i. Musique
j. Sport

Nombre d'heures par semaine
1. quatre heures
2. trois heures
3. une heure et demie
4. une heure

Regarde ton dico p. 109

5 Quelle est la matière préférée d'Étienne ? Et toi ?

6 Avec la classe, comparez votre emploi du temps avec celui d'Étienne.

Les verbes *prendre, comprendre* et *apprendre*

Je/J'	prends	comprends	apprends
Tu	prends	comprends	apprends
Il/Elle/On	prend	comprend	apprend
Nous	prenons	comprenons	apprenons
Vous	prenez	comprenez	apprenez
Ils/Elles	prennent	comprennent	apprennent

8 Phonétique. **Écoute et retrouve ce que tu entends.**
a. apprends – apprenez – apprennent
b. prennent – prend – prenez
c. comprends – comprennent – comprenez
d. prenez – prends – prennent

9 Par deux, choisissez une situation et mimez-la. La classe devine de quoi il s'agit.

prendre le bus
apprendre une langue
(ne pas) comprendre le français
prendre un repas
(ne pas) comprendre un exercice
prendre un stylo dans son sac

GRAMMAIRE

7 Relis les documents et cherche les formes verbales qui correspondent aux dessins.

C'est l'fun ?

a. Ils ne ... pas.

b. Nous ... nos repas.

c. On ... à jouer au hockey.

Me llamo, te llamas...
Elles apprennent l'espagnol !
Oui, nous apprenons l'espagnol !

Fais la visite guidée de ton collège !

10 **Ouvre ton cahier d'activités p. 54.**
a. Dessine le plan de ton collège.
b. Écris des commentaires sur ce que tu fais dans chaque lieu du collège et sur ton lieu préféré.

CD Classe **1** Ex. 4 → piste 23 ; Ex. 7 (tableau) → piste 24 ; Ex. 8 → piste 25

dix-sept ■ **17**

1 Observe le document.
Où peut-on voir ces personnages ?

ZAP Collège

LA BANDE DESSINÉE DE TÉHEM !

Les personnages

Jean-Eudes

« J. E. » est le héros de la série. C'est un élève motivé, il organise souvent des activités au collège. Il n'est jamais stressé.

Écoline

« Éco » est très sportive. Elle est parfois bavarde, mais elle est toujours très sérieuse en classe.

Eddy

Eddy porte toujours son bonnet rouge sur la tête... et sur les yeux. Il est très gentil, mais il ne respecte pas toujours les règles en classe...

Victor

Il est drôle avec son t-shirt rouge et blanc et sa casquette !
Il est gourmand et un peu artiste. Le dessin, c'est sa matière préférée !

Hayat

Hayat est très sympathique ! Elle n'est pas timide et elle aide souvent les autres.

COMPRÉHENSION

2 Lis le document et retrouve les personnages correspondant aux définitions.

a. Elle aime le sport et elle adore parler.
b. Il aime manger et dessiner.
c. Il est sympathique mais n'aime pas beaucoup les règles du collège.
d. Il adore l'école et il est calme.
e. Elle aime parler devant les autres et être gentille avec ses copains.

3 Quel est ton personnage préféré ? Pourquoi ?

GRAMMAIRE

4 **Relis le document puis observe les dessins suivants et complète.**

a. → Elle est ⬚I⬚⬚⬚E.

b. → Il est B⬚⬚⬚⬚D.

c. → Il est ⬚É⬚⬚⬚X.

d. → Elle est ⬚⬚⬚⬚⬚⬚ÉE.

Les adjectifs de caractère

Au singulier

Masculin	Féminin
-é : motivé, stressé	→ -ée : motivée, stressée
-e : timide, drôle	→ -e : timide, drôle
-x : sérieux	→ -se : sérieuse
-if : sportif	→ -ive : sportive
+ consonne : bavard, gourmand	→ consonne + e : bavarde, gourmande

⚠ gentil → gentille

Au pluriel, les adjectifs prennent un s :
motivé(e)s, timide(s), bavard(e)s

5 **Choisis trois adjectifs pour te caractériser.**

Regarde ton dico p. 110

Moi, je suis sérieux, timide et gourmand !

COMMUNICATION

6 **Classe dans l'ordre les mots suivants.**

toujours – jamais – souvent – parfois

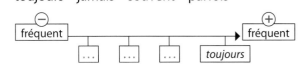

⊖ fréquent → ⊕ fréquent
... | ... | ... | *toujours*

Pour exprimer la fréquence

Les adverbes de fréquence se placent après le verbe.

Elle est **parfois** bavarde.
Elle aide **souvent** les autres.
Il porte **toujours** son bonnet rouge.

Jamais s'accompagne toujours de la négation *ne*.

Il n'est **jamais** stressé.

7 **Et toi, au collège : qu'est-ce que tu (ne) fais souvent, parfois, toujours ou jamais ?**

Réalise une photo de classe ! **8**

a. Chaque élève colle sa photo ou se dessine sur une grande feuille.
b. Par deux, écrivez une phrase pour caractériser votre camarade.

Emma est bavarde, mais très gentille...

c. Collez toutes les bulles et affichez votre photo de classe !

Vous pouvez mettre cette photo sur le blog de la classe.

Grand jeu du collège français

1 Par deux, jouez au jeu du collège.

Votre matériel :

2 Relis les cases du jeu : vrai ou faux ?

a. En France, il y a 5 périodes de vacances scolaires. vrai / faux
b. Au collège, 16/20 est une bonne note. vrai / faux
c. La première classe du collège est la sixième. vrai / faux
d. Il y a 5 classes au collège. vrai / faux
e. Il n'y a pas d'examen à la fin du collège. vrai / faux
f. Après le collège, les élèves vont au lycée. vrai / faux

3 Par petits groupes, imaginez un collège idéal (emploi du temps, classes, notes, vacances, etc.).

Vidéo : Un extrait du dessin animé Zap Collège

document A

L'heure de vie de classe
est dans les emplois du temps de beaucoup de collégiens français.

Les élèves et les professeurs parlent ensemble des règles à respecter dans la classe, des problèmes entre élèves ou entre élèves et professeurs.

Tous les élèves ont le droit de participer et de parler, ou non, et tous les élèves ont des devoirs.

document B

Les règles à respecter dans la classe

Je respecte les autres et le matériel.

Je lève la main pour prendre la parole.

J'écoute les autres.

Je n'arrive pas en retard.

Je n'oublie pas mes affaires.

Je ne copie pas sur mon / ma camarade.

---

1 **Observe et lis le document A : vrai ou faux ?**

a. Tous les collégiens français ont des heures de vie de classe. — vrai / faux

b. Le professeur parle pendant les heures de vie de classe, mais pas les élèves. — vrai / faux

c. On parle de ce qui ne va pas dans la classe. — vrai / faux

2 **Lis le document B. Quelles règles de classe ne sont pas respectées sur ces dessins ?**

a.

b.

c.

d.

3 **Écoute ces élèves qui s'expriment pendant l'heure de vie de classe et associe.**

le droit de ne pas parler

le devoir d'écouter les autres

le droit de parler de ses problèmes

le devoir de respecter les autres

4 **Avec la classe, rédigez les « Règles à respecter en classe ». Parlez ensemble et mettez-vous d'accord !**

Entraîne-toi

GRAMMAIRE

Les adjectifs de nationalité, d'origine

1 **Écris le féminin de ces adjectifs.**

Exemple : *français → française*

a. polonais → … ; anglais → …
b. québécois → … ; chinois → …
c. américain → … ; marocain → … ; mexicain → …
d. algérien → … ; italien → … ; canadien → …
e. espagnol → … ; allemand →…

2 **Écoute et dis si l'adjectif est au féminin ou au masculin.**

Les verbes *prendre, comprendre* et *apprendre*

3 **Conjugue les verbes.**

a. Elle ne … (comprendre) pas le français.
b. J'… (apprendre) la vie en France.
c. Tu … (prendre) ton stylo dans ton sac.
d. Wassim et Étienne … (prendre) le bus ensemble.
e. Est-ce que vous … (comprendre) ?
f. En français, nous … (apprendre) beaucoup de vocabulaire !

Les adjectifs de caractère

4 **Étienne et Émilie n'ont pas le même caractère ! Écoute et choisis les adjectifs pour compléter leur description.**

timide – gentil(le) – stressé(e) – sportif/ve – bavard(e) – sérieux/se – drôle – gourmand(e)

Étienne n'est pas… il est…

Émilie est… et aussi…

Les adverbes de fréquence

5 **Complète avec *jamais, souvent, parfois* ou *toujours*.**

a.  → Émilie est très sérieuse, elle fait … ses devoirs.

Heu… Bah…

b. → Wassim est timide. Il ne parle pas … de lui.

c.  → Étienne adore ses copains français, mais … il ne comprend pas leurs habitudes !

d.  → Manon est originale, elle ne fait … comme les autres !

LEXIQUE

Le collège

6 **Écoute et dis où est Étienne.**

Exemple :
a. Étienne est à la bibliothèque.

GYMNASE
SALLE de CLASSE
CANTINE
BIBLIOTHÈQUE
COUR de RÉCRÉATION

Les matières scolaires

7 Associe.

a.
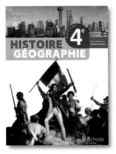

b.

c.

d.
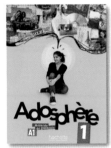

e.

1. Maths
2. Sciences et Vie de la Terre
3. Physique-chimie
4. Histoire-géographie
5. Français

Le caractère

8 Complète avec un adjectif de caractère. Attention à l'accord !

a. Il adore les arts plastiques, il est … .
b. Elle a beaucoup d'amis et elle aide les autres, elle est … .
c. Ils aiment beaucoup le collège, ils sont très … en classe.
d. Sa matière préférée est le sport, elle est … .
e. Nous parlons beaucoup, nous sommes … .

COMMUNICATION

Parler de sa vie au collège

9 Par deux. Choisis un jour de la semaine et présente ton emploi du temps. Ton camarade devine de quel jour il s'agit.

Caractériser des personnes

10 Écris une phrase pour caractériser un(e) élève de la classe, sans mettre son nom. Lis ta phrase à la classe. Les autres devinent qui c'est.

Il est drôle et toujours gentil.
Il porte souvent un t-shirt vert.

PHONÉTIQUE

L'accentuation de la dernière syllabe des mots

11 Prononce les mots suivants. Attention à l'accent tonique ! Écoute ensuite pour vérifier.

a. **collège**

b. **matière**

c. **élève**

d. **collégien**

e. **sérieux**

f. **récré**

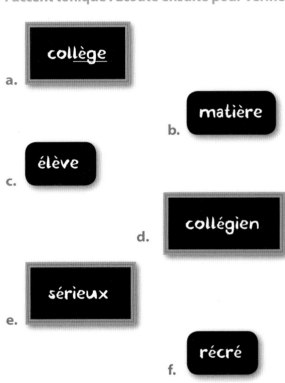

apprendre à **apprendre**

Comment faire pour être bien au collège ?

1. Parle avec tes copains / copines ou tes professeurs quand ça ne va pas.
2. Fais des activités que tu aimes après le collège pour ne pas être trop stressé(e).
3. Demande de l'aide si tu ne comprends pas.

DELF

1 Compréhension de l'oral

Parler de ta nationalité, de tes origines

...../5

Complète avec la nationalité correcte.

a. Akiko est un prénom d'origine … .

b. Le père d'Akiko est … .

c. Émilie est d'origine … et … .

d. Le chat d'Émilie a un nom … .

2 Production orale

Décrire ton caractère et celui de tes copains

...../5

Par deux. Choisis un personnage de Zap Collège.
Décris son caractère à ton / ta camarade.
Il / Elle devine qui c'est.

Elle est stressée, … · C'est la fille de l'image d !

a.

b.

c.

d.

e.

3 Compréhension écrite

Parler de ta vie au collège et de ton emploi du temps

...../5

Lis le texte : vrai ou faux ?

a. Le collège au Québec a un autre nom.   vrai / faux

b. Les cours ne sont pas en français.   vrai / faux

c. Les élèves portent un uniforme.   vrai / faux

d. Il y a beaucoup de sport à l'école.   vrai / faux

e. Wassim prend ses repas à la cantine.   vrai / faux

> Salut la famille !
> L'école secondaire (= le collège) au Québec, c'est super ! Les cours sont en français, mais je ne comprends pas toujours l'accent québécois ! Nous portons tous les jours un t-shirt de l'école bleu, blanc ou noir, c'est l'uniforme. Je fais beaucoup de sport et le midi, je mange à 11h30, mais il n'y a pas de cantine, c'est une cafétéria ! C'est très différent du collège en France !
> Bisous
> Wassim

4 Production écrite

Poser des questions

...../5

Lis le sondage et réponds aux questions.

Sondage sur la vie au collège

Répondez aux questions et déposez vos réponses à la bibliothèque.

a. Qu'est-ce que tu aimes et qu'est-ce que tu n'aimes pas dans ton collège ? Pourquoi ?

b. Où est-ce que tu habites ? (près, loin du collège ?)

c. Comment est-ce que tu viens au collège ?

d. Quand est-ce que tu fais tes devoirs ?

Ton dico

		prendre	physique-chimie	motivé(e)	gourmand(e)
		apprendre	arts plastiques	stressé(e)	timide
	espagnol(e)	comprendre		calme	aider
	marocain(e)		la cantine	sportif / sportive	sympathique
la nationalité	italien(ne)	l'emploi du temps	le gymnase	bavard(e)	souvent
l'origine	canadien(ne)	la matière scolaire	la cour de récréation	gentil(le)	parfois
québécois(e)	chinois(e)	histoire-géographie	la bibliothèque	drôle	jamais
algérien(ne)	allemand(e)	Sciences et Vie de la Terre	le collégien	artiste	toujours
américain(e)					

Manon

CONTRAT D'APPRENTISSAGE

Dans ce module, tu vas apprendre à…
- localiser dans l'espace
- exprimer un désir
- faire visiter ta maison
- décrire ta chambre

Pour…
- retrouver un objet perdu
- écrire un poème
- imaginer ta chambre idéale

PRÉVERT

mes poèmes

> Je m'appelle Manon. Je vous invite chez moi. J'habite sur une péniche. Ma chambre ? Elle est petite, mais c'est ma pièce préférée parce que je suis tranquille pour écrire mes poèmes. Et oui ! J'adore la poésie.

1 Observe la page et retrouve :

a. un poème ;
b. des poètes français célèbres.

3 Écoute Manon. Quelle est sa pièce préférée ? Pourquoi ?

2 Et toi, tu connais des poètes ? Des poèmes ?

4 Où habite Manon ? Et toi ?

CD Classe ❶ Ex. 3 → piste 35

Où est mon carnet ?

1 **Est-ce que tu perds souvent tes affaires ?**

Je perds souvent
mon / ma / mes…

Je ne perds jamais…

DIALOGUE

MANON. – Alors, Jeanne ? Tu aimes ma maison ?

JEANNE. – C'est super ! Une maison sur l'eau !

MANON. – Et oui, on habite sur une péniche ! Viens, on va visiter. Mais avant, je veux te montrer quelque chose… Papa, tu sais où est mon carnet ?

LE PÈRE. – Regarde sur la chaise, à côté de la table.

MANON. – Non, il n'est pas là.

LE PÈRE. – Et derrière le canapé ?

MANON. – Non.

LE PÈRE. – Bon, regarde sur la petite table, sous la fenêtre, à côté des livres.

MANON. – Non, il n'est pas là.

LE PÈRE. – Manon, tu es vraiment tête en l'air ! Cherche sur les étagères au-dessus du fauteuil.

JEANNE. – Et sous les coussins… Moi, je retrouve souvent mes affaires sous les coussins du canapé !

MANON. – Bravo ! Il est là, entre les deux coussins ! Merci ! Regarde.

JEANNE. – Un carnet ?… C'est quoi, ce carnet ?

MANON. – C'est pour écrire des poèmes !

JEANNE. – Je comprends pourquoi tu perds tes affaires : les poètes sont toujours dans la lune !

COMPRÉHENSION

2 **Écoute le dialogue : vrai ou faux ?**

a. Manon habite dans
une maison originale. vrai / faux

b. Manon cherche son carnet. vrai / faux

c. Le père de Manon retrouve
le carnet. vrai / faux

3 **Écoute encore. Où est le carnet de Manon ?**

a. Sur la chaise.

b. Derrière le canapé.

c. Entre les coussins du canapé.

LEXIQUE

4 Observe le dessin du dialogue et retrouve les éléments suivants.

un canapé – une chaise – une table –
des étagères – un fauteuil – une fenêtre –
des coussins

5 Écoute et chante.

Les livres sont **par** terre…
Pas **sur** les étagères !
Les chaises **sont sur** la table…
C'est vraiment incroyable !
Les coussins sont cachés…
Derrière **le** canapé !
Le fauteuil **du** salon…
N'est **plus dans** la maison !

La fenêtre est ouverte…
Et le ciel est tout vert…
C'est le monde à l'envers !

6 Par deux.
Décris ton salon
à ton / ta camarade.

Dans mon salon,
il y a…

COMMUNICATION

7 Associe.

Dans le salon de Manon, il y a…

a. une chaise…   1. sous la fenêtre.
b. des étagères…   2. au-dessus du fauteuil.
c. une petite table…   3. à côté de la table.

Pour localiser dans l'espace

 sur **la** table

 dans **le** salon

sous **la** fenêtre

 à côté **de la** table **du** fauteuil

 derrière **le** fauteuil

 au-dessus **des** étagères

 entre **les** coussins

8 Retrouve les sept livres de poésie de Manon p. 111.

Regarde ton dico p. 111

Exemple : *Il y a des livres sur les étagères, au-dessus du fauteuil.*

9 Phonétique. **Écoute les phrases. Amuse-toi à les prononcer le plus rapidement possible.**

a. Viens, on va visiter.
b. J'habite sur une belle péniche en ville.
c. Va voir sous la fenêtre près du fauteuil.

Retrouve un objet perdu ! **10**

a. Par deux, cachez un objet dans la classe.
b. Écrivez sur un petit papier où est votre objet et donnez votre papier à un autre groupe.

Notre objet est sous la fenêtre, à côté du sac de Manon…

c. Trouvez en premier l'objet de l'autre groupe !

Ma maison, ce n'est pas une maison...

1 Regarde le carnet de Manon.
Est-ce que tu connais des maisons originales ?

Manon
Amie
Ile
Secrète
Originale
traNquille

Ma maison, ce n'est pas une maison
... c'est un bateau.
Il marche sur l'eau.
c'est une île dans la ville.
Elle est bleue et tranquille.
... c'est un poisson qui nage.
Il rêve de voyages.

COMPRÉHENSION

2 Trouve le mot caché dans le poème à gauche.

3 Écoute Manon lire son poème.
Sa maison n'est pas une maison : qu'est-ce que c'est ?

LEXIQUE

4 **Écoute Manon et regarde le plan de sa maison. Retrouve les pièces.**

Exemple : *a. le salon →* 3.

a. le salon – **b.** la terrasse –
c. les toilettes – **d.** la cuisine –
e. la salle à manger – **f.** la salle de bains –
g. la chambre des parents –
h. l'escalier – **i.** le bureau – **j.** l'entrée –
k. le couloir – **l.** la chambre de Manon –
m. la chambre d'amis

5 **Dis dans quelle pièce tu fais ces activités.**

Je me couche dans ma chambre.

a. Je regarde la télévision…
b. Je prends ma douche…
c. Je fais mes devoirs…
d. Je fais des gâteaux…

GRAMMAIRE

6 **Réécoute Manon et complète avec *C'est* ou *Il / Elle est.***

Exemple : *C'est* la cuisine. *Elle est* à gauche.

a. … le bureau de mon père. … à droite dans le couloir.
b. … la chambre de mes parents, … à côté des toilettes.
c. … la terrasse. … très grande.

C'est… / Il (Elle) est… **Ce sont… / Ils (Elles) sont…**	
Au singulier :	
Qu'est-ce que c'est ? **C'est** une île.	**Il / Elle est comment ?** **Elle est** bleue et tranquille.
Mon endroit préféré, **c'est** la terrasse.	**Elle est** très grande.
C'est un bateau.	**Il est** sur l'eau.
Au pluriel :	
Ce sont mes livres de poésie.	**Ils sont** sur l'étagère.

7 **Fais visiter ton appartement / ta maison à un(e) camarade. Il / Elle dessine le plan.**

 **Écris un poème !**

8

a. Par deux, choisissez un modèle et écrivez votre poème.

Modèle n° 1

→ Écrivez vos prénoms verticalement et cherchez des mots qui vous ressemblent pour chaque lettre.

Amie
Natation
Nature
Ecoute

Modèle n° 2

→ Choisissez un thème et écrivez un poème en forme de dessin.

b. Rassemblez tous les poèmes de la classe et affichez-les dans la classe.

LEÇON 3
Mes découvertes

Change ta chambre !

1 Est-ce que tu aimes ta chambre ?
Quel est ton objet préféré
dans ta chambre ?

Tu veux changer
de chambre
et créer ton univers ?
Trois ados ouvrent
la porte de leur chambre.
Trouve des idées
de déco !

a

COMPRÉHENSION

2 Regarde les photos et associe chaque
texte à la chambre correspondante.

3 Vrai ou faux ?

a. Wassim fait de la musique
dans sa chambre.   vrai / faux

b. Émilie a un plafond, un tapis
et des coussins de couleur. vrai / faux

c. Il y a des étagères dans
la chambre de Manon.   vrai / faux

d. Manon écrit des poèmes
sur les murs de sa chambre. vrai / faux

4 Quelle chambre préfères-tu ? Explique
à ton / ta camarade pourquoi.

LEXIQUE

5 Retrouve sur les photos les éléments
suivants.

un lit – un bureau – un tapis – le mur –
le plafond – un ordinateur – une lampe

GRAMMAIRE

6 Écoute Manon et complète les phrases.
Tu peux t'aider du tableau.

a. Les ados ... changer leur chambre.
b. ... un grand lit pour lire et rêver.
c. Est-ce que ... changer votre chambre ?

Le verbe *vouloir*

Je veux
Tu veux
Il/Elle/On veut
Nous voulons
Vous voulez
Ils/Elles veulent

Le verbe *vouloir* est suivi d'un nom
ou d'un infinitif.
Je **veux** <u>un grand lit</u>.
Je **veux** <u>changer</u> la couleur des murs.

7 Et toi, qu'est-ce que tu veux / ne veux pas
dans ta chambre ?

Dans ma chambre je veux...

b

c

1 Ma chambre est tout en haut de la maison. Il y a des posters de films sur les murs et mon lit est par terre. J'ai un petit bureau avec des étagères au-dessus. Ma chambre, c'est aussi mon refuge pour jouer de la guitare.

3 Moi, ma chambre est petite ! J'ai deux lampes et un petit bureau, mais je n'ai pas d'étagères pour ranger tous mes livres… Je veux un grand tableau pour écrire des poèmes sur mes murs, mais il n'y a pas de place… Heureusement, j'ai mon carnet… et mon ordinateur !

2 Ma chambre, c'est mon univers ! Il y a des couleurs partout ! J'ai une table verte, un tapis de toutes les couleurs et mon plafond est orange ! Il y a des fleurs sur les murs et sur mes coussins.

Imagine ta chambre idéale

8

Ouvre ton cahier d'activités p. 55.

a. Dessine ta chambre idéale ou découpe et colle des photos.

b. Présente ta chambre idéale à la classe.

c. Votez pour les cinq chambres que vous préférez.

Vous pouvez trouver des photos sur Internet.

La vie de château

En France, il y a beaucoup de châteaux.
Ils racontent l'histoire de France.

a. *Je suis le château de Chenonceau. Construit au XVIe siècle sur le Cher (c'est une rivière), je ressemble à un pont sur l'eau.*

b. *Le soleil est le symbole du roi Louis XIV (XVIIe siècle). Mes jardins sont célèbres parce que ce sont des jardins « à la française ». Je suis près de Paris.*

le roi Louis XIV

c. *Mon parc et ma forêt sont magnifiques. Construit par le roi François Ier au XVIe siècle, j'ai quatre tours rondes et je suis près de Blois et de la Loire.*

1 **Observe les photos et lis les textes. Retrouve le nom des trois châteaux.**

2 **Complète les informations sur la construction des trois châteaux.**

	Chambord	Chenonceau	Versailles
Quand ?			
Où ?			
Qui ?			

3 **Écoute le guide : vrai ou faux ?**

a. Le guide présente la journée du roi Louis XIV.   vrai / faux

b. Nous visitons deux lieux : la chambre du roi et la galerie des Glaces.   vrai / faux

c. Le roi se lève tout seul.   vrai / faux

d. Beaucoup de gens regardent le roi se coucher.   vrai / faux

4 **Écoute encore. À ton avis, dans quel château sommes-nous ? Pourquoi ?**

5 **Par petits groupes, faites visiter un monument célèbre de votre pays. Enregistrez votre commentaire.**

document A

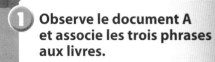

1 Observe le document A et associe les trois phrases aux livres.

a. Il y a la photo du poète sur la couverture.

b. C'est un livre écrit à la première personne du singulier.

c. C'est l'histoire d'un animal.

2 Trouve le genre des trois livres.

a. Journal intime.

b. Roman policier.

c. Recueil de poésies.

3 Et toi, tu aimes lire ? Quel genre de livre lis-tu ?

document B

Vendredi

Je t'écris.
Vite.
Je t'écris sur mes genoux.
Dans la voiture.
Les parents se promènent
Dans une petite forêt, à côté de la route.
Tu vois, c'est moi qui commence.
Je t'aime trop.
Je ne mets pas ton nom.
Je ne mets pas mon nom.
À cause du secret.

Le cancre

Il dit non avec la tête
Mais il dit oui avec le cœur
Il dit oui à ce qu'il aime
Il dit non au professeur
Il est debout
On le questionne
Et tous les problèmes sont posés
Soudain le fou rire le prend
Et il efface tout
[...]

Résumé

Sonia et ses parents, de retour d'Algérie, s'installent dans un petit village du Sud de la France. Un jour, ils reçoivent une lettre anonyme menaçant leur chat qu'ils ont ramené de Kabylie. Pourquoi lui en veut-on ?

4 Lis les trois extraits du document B. À ton avis, dans quels livres se trouvent-ils ?

a. Vendredi
b. Le cancre
c. Résumé

1. *Paroles*
2. *Le chat de Tigali*
3. *Je t'écris, j'écris…*

5 Par deux, choisissez un des textes. Préparez la lecture à voix haute et jouez-le devant la classe.

Entraîne-toi

GRAMMAIRE

Les prépositions et adverbes de lieu

1 Observe l'image, puis complète les phrases avec : *au-dessus (du / de la / des), à côté (du / de la / des), derrière, entre, sous, sur*. N'oublie pas les articles !

a. La tortue est … coussin.
b. Mon sac à dos est … la chaise de mon bureau.
c. Mes baskets sont … fauteuil.
d. Il y a une affiche de football … lit.
e. Mon ballon de foot est … le canapé.
f. Mon livre de français est … mon livre de maths et mon livre d'histoire.

2 Choisis trois autres éléments sur l'image de l'exercice 1 et fais-les deviner à ton / ta camarade.

Il est sur le fauteuil devant la télé.

Qu'est-ce que c'est ? C'est le chat ?

C'est… / Il (Elle) est…
Ce sont… / Ils (Elles) sont…

3 Présente les ados.
Utilise *c'est…* et *il / elle est…*
Exemple : *a. C'est Manon. Elle est poète.*

a.

b.

c.

4 Complète avec *c'est / ce sont* ou *il(s) / elle(s) est / sont*.

a. … mon carnet. … plein de poèmes et de dessins.
b. Regarde la photo. … mes parents. … devant leur péniche.
c. J'adore la terrasse. … très grande.
d. Mes parents et moi, nous habitons sur une péniche. … une maison originale.
e. Voilà, … les chambres, … petites.

Le verbe *vouloir*

5 Complète avec le verbe *vouloir*.

a. Manon … retrouver son carnet.
b. Les ados … des chambres sympas !
c. Je ne … pas changer ma chambre, je l'adore !
d. Nous … des posters sur les murs.
e. Est-ce que tu … venir visiter ma maison ?
f. Où est-ce que vous … habiter ?

LEXIQUE

Les pièces de la maison

6 **Écoute et dis où on est.**

Exemple : *a. On est dans la salle de bains.*
salle de bains – toilettes – chambre – escalier –
salon – bureau – cuisine

Les objets et les meubles

7 **Retrouve le nom des meubles.**

a. On range les livres sur des .

b. On pose la sur la ou sur

le .

c. On pose des sur le

ou sur le .

d. On regarde la télévision dans un .

COMMUNICATION

Localiser dans l'espace

8 **Dans quel sac est caché le trésor ?**

Le trésor n'est pas derrière le sac vert. Il n'est pas
entre les deux sacs rouges. Il n'est pas à côté
du sac bleu. Il n'est pas devant le sac violet.
Il n'est pas à côté du sac blanc. Il n'est pas entre
les deux sacs jaunes. Il n'est pas derrière le sac
rouge. Le trésor est dans le sac…

Décrire sa chambre

9 **Trouvez les sept différences.**

PHONÉTIQUE

Les sons [f] / [v] et [b] / [p]

10 **Écoute et classe les mots que tu entends.**

[b] « b »	[p] « p »	[f] « f »	[v] « v »
…	…	…	…

---

apprendre **à** **apprendre**

 Comment améliorer sa prononciation
en français ?

1. Écoute les sons difficiles et répète-les
plusieurs fois.
2. Mets l'accent sur la dernière syllabe du mot
et fais bien les liaisons et les enchaînements.
3. Écoute la mélodie du français et mets
l'intonation !

DELF

1 Compréhension de l'oral

Localiser dans l'espace

…/5

Écoute : vrai ou faux ?

a. Les livres de Manon sont sur les étagères. vrai / faux
b. Il y a des livres sous le tapis. vrai / faux
c. Ses baskets sont sous la chaise. vrai / faux
d. Il y a des livres à côté du tapis. vrai / faux
e. La trousse et les stylos sont sur le bureau. vrai / faux

2 Production orale

Exprimer un désir

…/5

Par deux. Exprime cinq désirs et présente-les à ton / ta camarade.

C'est quoi ton rêve ?

Je veux faire le Tour de France.

3 Compréhension écrite

Faire visiter ta maison

…/5

Trouve quelle famille habite cet appartement.

a. Nous sommes quatre dans ma famille. Nous avons une grande cuisine (je suis gourmande !). Nous avons une terrasse, mais pas de jardin.

b. J'ai une sœur et je partage ma chambre avec elle. J'adore manger dans le jardin. Nous avons aussi une belle salle à manger, mais pas de salon.

c. Chez moi, il y a une chambre pour mon frère, une pour ma sœur et moi et une pour mes parents. Le vendredi soir, nous regardons la télé tous ensemble dans le salon. J'adore notre jardin.

4 Production écrite

Décrire ta chambre

…/5

Étienne écrit à sa famille. Complète son mèl. Écris cinq phrases sur sa chambre.

Cher Félix,
Je t'envoie une photo de ma chambre en France.
Elle est vraiment belle. Sur les murs, …

Ton dico

		le canapé		le bureau	changer	la littérature
	la fenêtre	le fauteuil	la cuisine	le couloir	vouloir	le roman
	la porte	le coussin	le salon	l'escalier		le théâtre
la maison	le lit	le tapis	la salle à manger	la terrasse	le château	la poésie
l'appartement	la chaise	l'étagère	la salle de bains	l'entrée	la galerie des Glaces	le poème
la chambre	la table	le carnet	les toilettes	le jardin	le siècle	le poète

CD Classe ❶ Ex. 1 → piste 49 ; Ton dico → piste 50 → Reporter les résultats de l'évaluation dans le cahier d'activités p.16

Antoine

CONTRAT D'APPRENTISSAGE

Dans ce module, tu vas apprendre à...
- compter de 70 à 100
- faire des achats
- parler de ton argent de poche, de tes dépenses
- parler de tes passions

Pour...
- acheter un cadeau pour un(e) camarade
- commencer une collection
- organiser un vide-greniers dans la classe

Dimanche 15 j...

**VIDE-GRENIERS
BROCANTES
ANTIQUITÉS
PUCES**

Salut, moi c'est Antoine !
Ma passion ? Collectionner des objets.
Je collectionne des pièces
de monnaie, mais je déteste faire
les magasins. Pour acheter ?
Je vais dans les vide–greniers.
Ce n'est pas cher !
Je n'ai pas beaucoup d'argent
de poche !

1 Observe les images et nomme les objets que tu vois.

Regarde ton dico p.112

2 Écoute Antoine. Quelle est sa passion ?

3 Et toi, tu aimes faire les magasins ?

4 À ton avis, qu'est-ce qu'un vide-greniers ?

CD Classe **1** Ex. 2 → piste 51

LEÇON 1
Moi et les autres

On l'achète ?

1 Avant d'écouter le dialogue, observe le dessin.
Où sont Antoine et Akiko ? À ton avis, pourquoi ?

DIALOGUE ▶️ 💿

ANTOINE.	– Alors, qu'est-ce que j'achète pour ma sœur ?
AKIKO.	– Regarde ce jeu, elle le connaît mais elle ne l'a pas.
ANTOINE.	– Bonne idée, combien ça coûte ?
AKIKO.	– Oh ! là, là ! Trente-cinq euros, c'est cher ! Et ces stylos, je les adore !
ANTOINE.	– Des stylos, comme cadeau pour Jeanne ?!
AKIKO.	– Oui, ils sont chouettes, non ? Bon, je les achète pour moi...
ANTOINE.	– Akiko ! On ne cherche pas un cadeau pour toi...
AKIKO.	– Regarde ! La nouvelle BD de Zap Collège ! Jeanne va l'adorer !
ANTOINE.	– C'est parfait ! Quel est le prix ?
AKIKO.	– Elle coûte neuf euros quarante.
ANTOINE.	– Je la prends.
VENDEUSE.	– La BD et les stylos, ça fait treize euros vingt, s'il vous plait.
AKIKO.	– Oh non ! Je n'ai pas mon argent de poche...
ANTOINE.	– Bon... j'achète la BD, mais pas les stylos.
VENDEUSE.	– Mais, qu'est-ce que c'est, cette pièce ?
ANTOINE.	– Oh ! pardon, ce n'est pas un euro, c'est une pièce de ma collection...

COMPRÉHENSION

2 Écoute le dialogue et vérifie ta réponse à la question 1.
Que font Antoine et Akiko ?

3 Écoute encore : vrai ou faux ? Explique pourquoi.

a. Antoine et Akiko achètent un jeu pour Jeanne.   vrai / faux

b. Le prix du cadeau est 9,20 euros.   vrai / faux

c. Akiko achète une BD pour elle.   vrai / faux

d. Antoine a une collection de stylos.   vrai / faux

4 Et toi, tu offres des cadeaux pour Noël ? Si oui, donne des exemples.

GRAMMAIRE

5 **Lis le dialogue et associe.**

a. Jeanne le connaît.

b. Elle ne l'a pas.

c. Je les adore.

d. Je la prends.

1. Les stylos.

2. La BD.

3. Le jeu.

Les pronoms COD (complément d'objet direct)

Jeanne connaît le jeu. COD (masculin)	→ Jeanne le connaît.
Elle n'a pas le jeu. COD (masculin)	→ Elle ne l'a pas.
Je prends la BD. COD (féminin)	→ Je la prends.
Elle va adorer la BD. COD (féminin)	→ Elle va l'adorer.
J'achète les stylos. COD (pluriel)	→ Je les achète.

⚠ Devant une voyelle, on utilise le pronom *l'* au singulier.

Pour acheter quelque chose

Combien ça coûte ? / Quel est le prix ?

Ça coûte 12,35 euros. / Ça fait 17,20 euros.

C'est cher. / Ce n'est pas cher.

Qu'est-ce que j'achète ?

Je l'achète.

8 **Phonétique. Écoute les phrases et amuse-toi à les prononcer le plus rapidement possible.**

a. Je cherche quelque chose de chouette.

b. J'achète un jeu pour Jeanne.

c. Ces objets sont chers !

d. Je n'ai pas mon argent de poche.

Pour [ʃ] (cher, acheter), place ta langue devant ; pour [ʒ] (jeu, argent), place ta langue derrière !

6 **Observe les objets et choisis un cadeau. Fais des phrases comme dans l'exemple.**

Le livre, je l'achète pour moi.

Achète un cadeau pour un(e) camarade

9

a. Par deux, choisissez un(e) camarade à qui faire un cadeau.

b. Trouvez trois cadeaux possibles.

c. Préparez votre dialogue pour choisir le cadeau dans un magasin. (N'oubliez pas de parler du prix !)

Qu'est-ce qu'on achète pour Louis ?

d. Jouez la scène devant la classe et offrez votre cadeau !

COMMUNICATION

7 **Relis le dialogue et cherche :**

a. les phrases pour demander un prix ;

b. les phrases pour dire un prix.

CD Classe ❶ **Ex. 2 et 3** → piste 52 ; **Ex. 5 (tableau)** → piste 53 ; **Ex. 7 (tableau)** → piste 54 ; **Ex. 8** → piste 55

trente-neuf ■ **39**

Ma passion :
mes collections

1 Est-ce que tu as une collection ? Avec la classe, faites la liste de tous les objets que l'on peut collectionner.

Moi, je collectionne les tickets de métro !

CETTE COLLECTION, C'EST MA PRÉFÉRÉE ! MA PASSION, CE SONT LES PIÈCES DE MONNAIE ANCIENNES. POURQUOI ? PARCE QUE TOUTES CES PIÈCES ONT UNE HISTOIRE ! MAIS JE NE SUIS PAS PASSIONNÉ D'ARGENT, JE N'AIME PAS BEAUCOUP DÉPENSER.

CET AUTOCOLLANT, JE L'ADORE ! IL EST SUR MA PORTE DE CHAMBRE !

CES TICKETS, JE LES GARDE EN SOUVENIR DE MON VOYAGE AU MUSÉE HERGÉ, À CÔTÉ DE BRUXELLES. JE SUIS FOU DE CETTE VILLE ! MON AUTRE PASSION, C'EST LA BANDE DESSINÉE !

JE ME PASSIONNE AUSSI POUR LES OBJETS BELGES : CE PORTE-CLÉS VIENT DE MON GRAND-PÈRE. C'EST LE PREMIER OBJET DE MA COLLECTION !

3 Complète les phrases.

a. Antoine préfère sa collection de … parce qu'elles … .
b. Son premier objet de collection est un … .
c. Sur sa porte de chambre, il a … .
d. L'autre passion d'Antoine, c'est … .

COMPRÉHENSION

2 Observe et lis le document. Qu'est-ce qu'Antoine collectionne ?

4 Et toi, tu connais la Belgique ? Peux-tu nommer des objets ou des lieux typiques de là-bas ?

COMMUNICATION

5 **Relis les textes puis cache-les. Associe.**

a. Ma passion, ce sont…
b. Je ne suis pas passionné…
c. Je n'aime pas beaucoup…
d. Je me passionne pour…
e. Je suis fou…

1. d'argent.
2. les objets belges.
3. de cette ville.
4. les pièces de monnaie anciennes.
5. dépenser.

Pour parler de ses passions

Ma passion, c'est / ce sont la BD / les pièces de monnaie.
J'adore / j'aime cet autocollant.
Je suis passionné(e) d'objets belges.
Je suis fou (folle) de Bruxelles / de pièces de monnaie.
Je me passionne pour d'autres objets.

6 **Observe les différentes collections et dis quelle est la passion de ces ados. Utilise les expressions du tableau ci-dessus.**

Exemple :

Je me passionne pour les casquettes !

les casquettes

les boîtes

a.

les timbres

b.

les montres

c.

les vaches

d.

GRAMMAIRE

7 **Relis le document. Comment est-ce qu'Antoine désigne les objets de ses collections ?**

J'adore cette pièce,
… autocollant,
… porte-clés
et … tickets de musée !

Les adjectifs démonstratifs

Masculin	Féminin
ce porte-clés (+ *consonne*)	**cette** collection
cet autocollant (+ *voyelle*)	

Pluriel
ces porte-clés, **ces** collections, **ces** autocollants

8 **Jouez avec la classe. Chaque élève met un objet dans un sac, puis tire au hasard et demande à qui ils appartiennent.**

À qui est cette montre ?

Cette montre est à moi !

Commence une collection !

9

Ouvre ton cahier d'activités p. 56.

a. Imagine une collection.

Je suis passionnée de foot, je collectionne les photos de Thierry Henry.

b. Dessine ou colle des photos et écris un petit texte pour décrire ta collection.
c. Présente ta collection. La classe vote pour la plus originale !

Grand vide-greniers

1 Est-ce que tu achètes parfois des objets d'occasion ?

DIMANCHE 8 SEPTEMBRE
VIDE-GRENIERS ADOS
SPÉCIAL 12-16 ANS

Vendez vos CD, DVD, livres, vêtements, jeux. Idéal pour se faire l'argent de poche de la rentrée !

Concert avec le « Oscar rap trio »

VIDEZ VOS CHAMBRES !
Venez nombreux pour acheter ou vendre.

▶ Stand à 5 euros.
À partir de 9h, parc des Belges.

COMPRÉHENSION

2 Observe le document : vrai ou faux ?

a. Dans ce vide-greniers, les ados vendent des objets de leurs chambres. vrai / faux

b. Les ados achètent des objets pour leurs chambres. vrai / faux

c. Pour vendre des objets, ça coûte 5 euros. vrai / faux

d. Les ados ne gagnent pas d'argent de poche. vrai / faux

3 Écoute les ados qui participent au vide-greniers et réponds.

a. Qu'est-ce qu'Antoine achète ?

b. Pourquoi est-ce que Manon vient dans ce vide-greniers ?

c. Hugo achète ou vend ? Pourquoi ?

4 Et toi, quel(s) objet(s) de ta chambre voudrais-tu vendre dans un vide-greniers ?

GRAMMAIRE

5 Écoute encore et associe.

a. Combien d'…
b. Combien…

1. est-ce que tu dépenses ?
2. argent est-ce que tu gagnes ?

> **La question avec _combien_**
>
> **Combien + sujet + verbe**
> Combien tu dépenses ?
> Combien est-ce que tu dépenses ?
> Tu dépenses combien ?
>
> **Combien de + nom**
> Combien de pièces est-ce que tu as ?
> Tu as combien de pièces ?
> Combien de pièces tu as ?

6 Imagine les questions avec _combien_.

Exemple : J'ai 18 euros dans ma poche.
→ _Tu as combien d'euros dans ta poche ?_

a. Elle gagne 45 euros.

b. J'ai quatre-vingt-un autocollants dans ma collection.

c. Ce CD coûte 5 euros.

d. Je vends quinze CD et vingt-cinq vêtements.

LEXIQUE

7 Écoute encore les dialogues de l'exercice 3 et choisis les nombres que tu entends.

a. 26 / 16 / 96 pièces.
b. 62 / 72 / 12 euros.
c. Entre 40 et 100 / 80 et 100 / 20 et 50 euros.

8 Écoute et chante.

70 soixante-dix
75 soixante-quinze
80 quatre-vingts
85 quatre-vingt-cinq
90 quatre-vingt-dix
95 quatre-vingt-quinze
100 cent
105 cent cinq

9 Et toi, tu as de l'argent de poche ? Combien ?

> **Organise un vide-greniers dans la classe**

10

a. Par groupes, préparez une affiche pour votre vide-greniers.
b. Préparez votre stand : disposez des objets que vous voulez vendre, indiquez les prix.
c. Le vide-greniers peut commencer : visitez les stands des autres groupes et achetez des objets !
d. La classe vote pour la meilleure affiche.

 Vous pouvez aussi écrire des annonces pour vendre vos objets sur internet.

Où acheter en France ?

€1.⁰⁰

-50%

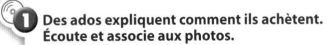

---

1 Des ados expliquent comment ils achètent. Écoute et associe aux photos.

2 Associe chaque légende à la photo correspondante.

- **a.** Un magasin de vêtements.
- **b.** Un marché.
- **c.** Une librairie.
- **d.** Un grand magasin.
- **e.** Un vide-greniers.

3 Et toi, où est-ce que tu préfères acheter ?

4 À ton avis, où est-ce qu'on achète les objets suivants ?

a.

c.

b.

d.

Mon **cours** de **géographie**

document A

Dans l'Union européenne, il y a actuellement vingt-sept pays. On utilise les pièces et les billets « euros » dans les dix-sept pays de la zone euro !

document B

Dix pays font partie de l'Union européenne mais n'utilisent pas l'euro. Le Danemark, la Suède et la Grande-Bretagne ne souhaitent pas changer de monnaie.

Les sept autres (la Lituanie, la Bulgarie, la Hongrie, la Lettonie, la Pologne, la Roumanie et la République tchèque) vont changer leur monnaie pour l'euro entre 2014 et 2016.

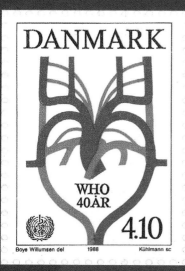

1 Lis le document A. À ton avis, qu'est-ce que la zone euro ?

a. Les pays de l'Union européenne.
b. Les pays qui utilisent l'euro.
c. L'Europe.

2 Lis le document B et retrouve les pays qui utilisent les monnaies suivantes.

3 Tu connais tous les pays de la zone euro ? Fais des recherches.

Regarde ta carte p. 126

4 Par petits groupes, inventez un pays et dessinez une pièce de monnaie pour ce pays.

a. La livre.

b. La couronne.

c. Le zloty.

d. Le leu.

GRAMMAIRE

Les pronoms COD

> **La place des pronoms COD**
>
> Les pronoms COD se placent avant
> le verbe : Je le <u>prends</u>.
> À la forme négative : Je **ne** le <u>prends</u> **pas**.
> Au futur proche : Je **vais** le <u>prendre</u>.

1 Devinettes. À ton avis, de quoi on parle ?
Associe.

a. Il les achète
pour Noël.
b. Je ne l'écoute pas
souvent.
c. Tu vas la prendre
pour ta collection ?
d. Nous l'utilisons
pour écrire.
e. Tu vas le lire.

1. Le CD de Lady Gaga.
2. La pièce.
3. Le stylo.
4. Les cadeaux.
5. Le livre.

2 Écoute les questions et réponds
avec *le, la, les, l'*.

a. Oui, je … connais.
b. Oui, elle … .
c. Non, je ne … .
d. Oui, il … .
e. Non, nous … .

Les adjectifs démonstratifs

3 Complète avec un adjectif démonstratif.

a. Regardez … jupe, elle n'est pas chère !

b. Et … pantalon, il est bizarre !

c. Moi, je préfère … baskets, elles sont originales !

d. Venez, regardez … autre magasin et … objets de collection !

4 Écoute et choisis la forme correcte.

a. Cette / Cet.
b. Ces / Ce.
c. Ces / Ce.
d. Cet / Cette.

Les questions avec *combien*

5 Associe.

a. Combien…
b. Combien de…
c. Combien d'…

1. livres est-ce que tu as ?
2. ados viennent
à la brocante ?
3. ça fait ?
4. tu gagnes ?
5. est-ce qu'elle
dépense ?
6. objets est-ce que
vous vendez ?

6 Par deux. Imagine trois questions avec
combien et pose-les à ton / ta camarade.

Combien de frères et de sœurs as-tu ?

LEXIQUE

Les nombres de 70 à 100

7 Écoute et choisis le prix correct.

a. 9,75 € | 9,65 € | 7,95 €
b. 3,18 € | 3,90 € | 3,80 €
c. 92 € | 42 € | 82 €
d. 7,80 € | 9,70 € | 7,90 €

Les achats et l'argent

8 Complète le texte avec les mots suivants.

acheter – dépenser – argent de poche –
magasins – prix – euros

Salut Akiko,
Je voudrais … un cadeau pour Jeanne, pour Noël, mais je ne sais
pas quoi. J'ai 10 … d'… à … et je ne connais pas bien les … .
Tu as des idées de cadeaux pour ce … ? Merci de tes conseils !
Antoine.

COMMUNICATION

Acheter quelque chose

9 Complète avec les expressions suivantes.

on l'achète – c'est cher – ça fait 12 euros – combien ça coûte

a. ... s'il vous plaît ? 8,55 euros.

b. 5,60 euros le stylo !! Oh ! là, là ! ... !

c. Voilà, ... !

d. Un livre sur les collections, c'est parfait pour Antoine ! Oui ! ... !

Parler de ses passions

10 Complète avec : *ce sont, d', adore, c'est, de, pour* (2 fois).

a.  Jeanne se passionne ... les sciences et Wassim ... le cinéma.

b. Les passions d'Akiko, ... la cuisine et les stylos !

c. Manon et Antoine sont passionnés ... objets originaux !

d. Étienne est fou ... son collège en France !

e. Émilie ... les autres.

f. La passion d'Hugo, ... la télé !

PHONÉTIQUE

Les sons [ʃ] « ch » et [ʒ] « j / g »

11 Écoute et classe les mots que tu entends.

[ʃ] « ch » (acheter)	[ʒ] « j / g » (jeu)
...	...

12 Par deux, imaginez des phrases avec beaucoup de [ʃ] « ch » et de [ʒ] « j / g ». Prononcez-les vite !

apprendre à apprendre

Comment chercher la signification d'un mot ?

1. Observe bien le mot. Connais-tu un mot de la même famille ? Est-ce qu'il ressemble à un mot dans ta langue ?
2. Si tu ne le comprends pas, regarde dans ton dico illustré p. 109-117.
3. Si tu ne le trouves pas, cherche dans un dictionnaire.

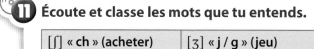

DELF

1 Compréhension de l'oral

Compter de
70 à 100

(…/5)

a. Antoine a … à dépenser.   b. Le stylo coûte … .   c. Le livre coûte … .
d. La BD coûte … .   e. L'agenda coûte … .

2 Production orale

Faire
des achats

(…/5)

Par deux. Observez les dessins et jouez la scène.

3 Compréhension écrite

Parler
de ton argent
de poche,
de tes dépenses

(…/5)

Lis l'article et réponds aux questions.

a. Combien d'argent de poche ont
en général les ados français ?
b. Nomme trois choses
qu'ils achètent avec leur argent.
c. Comment est-ce qu'ils gagnent
de l'argent ?

Les ados français et l'argent de poche

40 % des ados de 10-15 ans reçoivent de l'argent de poche : environ 15 euros par mois. Avec leur argent de poche, ils achètent des jeux vidéo (55 % des garçons), des bonbons (53 %) ou des vêtements (38 % des filles), ou ils ne le dépensent pas et l'utilisent pour faire des cadeaux ! Quelquefois, ils gagnent aussi de l'argent quand ils ont de bonnes notes à l'école ou quand ils font un petit travail.

(Source : Okapi n° 839)

4 Production écrite

Parler de
tes passions

(…/5)

**Observe le dessin. Quelles sont ses passions ?
Utilise cinq expressions différentes.**

→ *Ma passion, …*

Ton dico

		la passion	l'objet	le vide-greniers	l'Union européenne	soixante-dix
acheter		la collection	la boîte	le marché	l'euro	quatre-vingts
dépenser	coûter	collectionner	la montre	le magasin	la monnaie	quatre-vingt-dix
vendre	cher / chère	être passionné de /	les timbres	la boutique	le billet	cent
gagner (de	le prix	se passionner pour	le porte-clés	la librairie	la pièce	
l'argent)	combien	être fou / folle de	l'autocollant	les soldes	l'argent de poche	

CD Classe ❶ Ex. 1 → piste 67 ; Ton dico → piste 68   → Reporter les résultats de l'évaluation dans le cahier d'activités p. 22

AKiKO

CONTRAT D'APPRENTISSAGE

Dans ce module, tu vas apprendre à…
- exprimer une quantité
- parler de ton alimentation
- faire des recommandations
- faire une liste de courses

Pour…
- organiser un pique-nique
- créer une recette originale
- composer un repas

> Miam ! Des crêpes au fromage…
> C'est mon plat préféré ! Je m'appelle
> Akiko et j'adore faire la cuisine. Je suis
> très gourmande, mais je fais attention
> à mon alimentation : un peu de tout,
> mais pas trop, pour être « bien dans
> mon assiette » !

1 Regarde les images. À ton avis, quelle est la passion d'Akiko ?

2 Écoute Akiko et retrouve son plat préféré sur les photos.

3 Et toi, quel est ton plat préféré ?

Regarde ton dico p. 113

4 À ton avis, que signifie « être bien dans son assiette » ?

a. Manger des aliments bons pour le corps.
b. Manger beaucoup.
c. Manger dans une assiette.

CD Classe **1** Ex. 2 → piste 69

LEÇON 1 — Moi et les autres

Des courses
pour notre pique-nique

1 **Dans ta famille, où est-ce que vous faites les courses pour manger ?**

DIALOGUE

AKIKO. – Sur la liste pour notre pique-nique, il y a du fromage, du poulet…

HUGO. – Moi, je vais au rayon boucherie, chercher le poulet !

AKIKO. – Wassim, tu vas au rayon fromage ? Moi, je vais à l'épicerie prendre des pâtes.

HUGO. – Des pâtes, pour un pique-nique ?

AKIKO. – Oui, j'ai une super recette de salade de pâtes.

WASSIM. – Super, j'adore les pâtes !

AKIKO. – Alors… on a de la viande, mais pas de légumes…

WASSIM. – Et du pain ? On n'a pas de pain pour les sandwichs !

AKIKO. – Va à la boulangerie, moi, je vais chercher des légumes.

HUGO. – Oh non, je n'aime pas les légumes…

AKIKO. – Les légumes, c'est bon pour la santé !

WASSIM. – Je vais aussi prendre de l'eau et des jus de fruits.

HUGO. – Et des chips ! Dans un pique-nique, il y a toujours des chips !

AKIKO. – Ah non ! Ce n'est pas sur la liste et ce n'est pas bon pour la santé !

HUGO. – Mais… ce sont des légumes, non ?

WASSIM. – Les pommes de terre ? Des légumes ?

COMPRÉHENSION

2 **Écoute. Que font Akiko, Wassim et Hugo ? Pourquoi ?**

3 **Écoute encore : vrai ou faux ?**

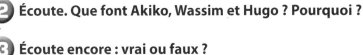

a. Akiko va faire une salade de pâtes. vrai / faux

b. Wassim n'aime pas les pâtes. vrai / faux

c. Hugo adore les légumes. vrai / faux

d. Les chips, c'est bon pour la santé. vrai / faux

LEXIQUE

4 Lis le dialogue. Qu'est-ce qu'Akiko, Hugo et Wassim achètent ?

a.   b.

c.

5 Qu'est-ce qu'on achète aux rayons suivants ? Associe.

1.

a. À la boucherie.
b. À la boulangerie.
c. À l'épicerie.

2.

3.

6 Et toi, qu'est-ce que tu aimes / n'aimes pas manger ?

Je n'aime pas la viande, j'adore les pâtes…

GRAMMAIRE

7 Relis le dialogue et associe.

a. Je vais à l'épicerie prendre…   1. les pâtes.
b. J'adore…   2. des pâtes.
c. On n'a pas…   3. les légumes.
d. Je n'aime pas…   4. de légumes.

Les articles partitifs
du, *de la*, *de l'*, *des*

Pour parler des aliments en général
J'aime **la** viande.
L'eau et **le** jus de fruits, c'est bon !
J'adore **les** pâtes.

Pour parler d'une quantité non déterminée
On a **de la** viande.
Je vais prendre **de l'**eau et **du** jus de fruits.
Je vais prendre **des** pâtes.

Pour parler d'une quantité nulle
Je ne mange **pas de** viande / **jamais de** légumes.
Il n'y a **pas d'**eau.

8 Par deux. Demande à ton / ta camarade ce qu'il / elle mange souvent, jamais, quelquefois.

Tu manges souvent du fromage ?

Non, je ne mange jamais de fromage.

pain
fromage
viande
légumes
fruits
chips
pommes de terre
salade

Organise un pique-nique !

9

a. Par groupes, faites une liste des courses pour le pique-nique de la classe.
b. Lisez votre liste et affichez-la au tableau.
c. La classe vote pour le pique-nique qu'elle préfère !

Moi, je préfère la liste du groupe 3 parce que j'adore les sandwichs au fromage !

Les bonnes recettes
d'Akiko

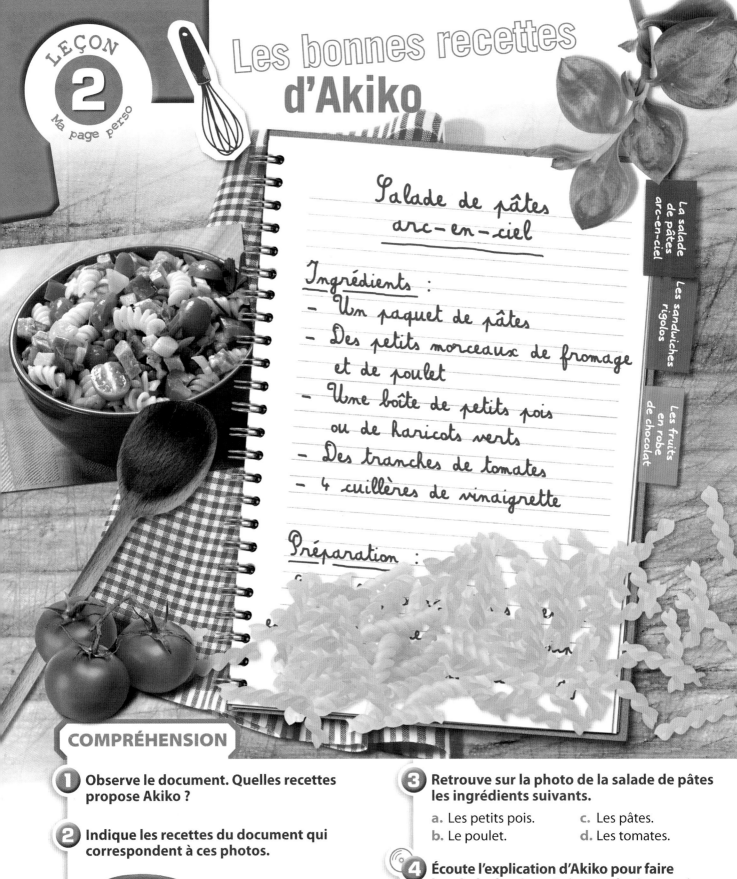

**Salade de pâtes
arc-en-ciel**

Ingrédients :
- Un paquet de pâtes
- Des petits morceaux de fromage
  et de poulet
- Une boîte de petits pois
  ou de haricots verts
- Des tranches de tomates
- 4 cuillères de vinaigrette

Préparation :

La salade
de pâtes
arc-en-ciel

Les sandwiches
rigolos

Les fruits
en robe
de chocolat

COMPRÉHENSION

1 Observe le document. Quelles recettes propose Akiko ?

2 Indique les recettes du document qui correspondent à ces photos.

a.   b.

3 Retrouve sur la photo de la salade de pâtes les ingrédients suivants.

   a. Les petits pois.   **c.** Les pâtes.
   b. Le poulet.   **d.** Les tomates.

4 Écoute l'explication d'Akiko pour faire la salade de pâtes. Puis mets les instructions dans l'ordre.

   a. Mélange tout avec la vinaigrette.
   b. Ajoute les petits pois et les haricots verts.
   c. Coupe le fromage, le poulet et les tomates.
   d. Fais cuire les pâtes.
   e. Mets au frigo.

LEXIQUE

5 **Associe.**

1. Mélanger…
2. Faire cuire…
3. Couper…
4. Mettre…

a. avec un couteau.   **b.** dans une casserole.

c. au frigo.   **d.** avec une cuillère

6 **Aide Akiko à compléter la recette des sandwichs rigolos.**

cuillère – mets – frigo – faire cuire – coupe – ajoute

… la confiture sur le pain avec une … .
… tes sandwichs en forme de cœur ou d'étoile.
… des fruits autour de tes sandwichs.
Pas nécessaire de … ni de mettre au … !
C'est prêt à manger !

Pour exprimer la quantité

Les expressions de quantité sont toujours suivies de la préposition *de* quand il y a un nom après.

Une cuillère **de** vinaigrette.
Un paquet **de** pâtes.
Une boîte **de** petits pois.
Un morceau **de** poulet.
Une tranche **de** tomate.

8 **Aide Akiko à compléter les quantités pour faire les sandwichs rigolos.**

Ingrédients pour
deux sandwichs rigolos
• 4 … de pain
• Une … de confiture
• Des … de fruits

9 **Phonétique. Écoute et répète les phrases.**

a. Mets la vinaigrette au frigo.
b. Une grande cuillère de confiture.
c. Coupe les légumes.
d. Quelle quantité de gâteau ?

Pour prononcer [k], mets ta langue en avant ; pour prononcer [g], mets ta langue en arrière dans ta bouche.

10 **Par deux, imaginez la recette des fruits en robe de chocolat.**

COMMUNICATION

7 **Relis le document et retrouve les noms correspondant aux dessins suivants.**

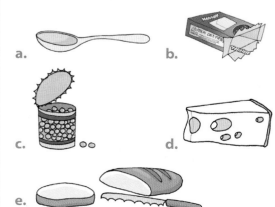

a.   b.

c.   d.

e.

Crée une recette originale !

11

a. Imagine une recette amusante. Écris et dessine les ingrédients et les quantités.
b. Écris les instructions pour faire la recette.
c. Avec la classe, votez pour la recette la plus amusante et créez un livre de recettes !

Vous pouvez trouver des recettes françaises sur www.marmiton.org

Bon appétit !

1 À ton avis, quels aliments sont bons / mauvais pour la santé ?

🍎 BON APPÉTIT 🔍

BIEN DANS TON ASSIETTE

COMPOSE TES REPAS

JEUX

Pour être en bonne santé, nous devons faire attention à notre alimentation. Voici quelques recommandations !

❶ Tu dois manger un peu de tout.

❷ Tu dois manger à des heures régulières (au petit déjeuner, au déjeuner, au goûter, au dîner). Tu ne dois pas manger entre les repas.

❸ Tu ne dois pas boire trop de boissons sucrées. Bois beaucoup d'eau.

❹ Tu dois manger assez de fruits et de légumes (au moins 5 par jour).

❺ Tu dois faire un peu d'exercice tous les jours.

COMPRÉHENSION

2 Lis le document : vrai ou faux ?

a. « Bon appétit » est un site sur l'alimentation.　　　　vrai / faux

b. Sur le site de « Bon appétit », on propose des jeux sur l'alimentation.　　　　vrai / faux

c. Il n'y a pas de conseils sur ce qui est bon ou mauvais pour la santé.　vrai / faux

3 Relis le document et écoute les ados. Quelle recommandation leur faire ?

Exemple : *a. → Recommandation 4 : « Tu dois manger assez de fruits et de légumes. »*

4 En France, les ados français mangent quatre repas par jour. Associe chaque repas à son horaire.

a. Le petit déjeuner.　　　　1. **16:00**

b. Le déjeuner.　　　　2. **20:00**

c. Le goûter.　　　　3. **07:00**

d. Le dîner.　　　　4. **12:30**

5 Et dans ton pays, il y a combien de repas par jour ? À quelle heure ?

GRAMMAIRE

6 Cherche dans le document les formes du verbe *devoir*.

Le verbe *devoir*

Je dois
Tu dois
Il/Elle/On doit
Nous devons
Vous devez
Ils/Elles doivent

7 Dis ce qu'ils doivent / ne doivent pas faire pour avoir une bonne alimentation.

a. Nous prenons cinq repas par jour.

→ *Vous devez / ne devez pas...*

b. Il mange des légumes et des fruits, pas de viande et pas de poisson.

c. Elle boit des boissons sucrées à tous les repas.

d. Je ne mange pas toujours le midi.

COMMUNICATION

8 Observe les dessins et complète avec la quantité correcte.

assez – beaucoup – trop – peu

Exemple :  → *Il mange trop.*

a.

b.

c.

Pour exprimer la quantité

un peu de < **assez** de < **beaucoup** de < **trop** de

Je mange **beaucoup**.
Tu dois manger assez **de** légumes.

9 Observe ce que mange la famille Finken en une semaine. Que mangent-ils ? Comment mangent-ils ? Trop ? Assez ? Pas assez ?

La famille Finken, Gatineau, Québec.

Compose un repas !

10

Ouvre ton cahier d'activités p. 57.

a. Compose un déjeuner (midi) : découpe et colle ou dessine des aliments dans ton assiette.

b. Présente ton repas à la classe et affichez-les tous. Quels sont les repas équilibrés ?

À la table des Français

Brasserie

Menu

Plats du jour

- Omelette salade
- Steak frites
- Croque-monsieur
- Assiette de fromages

Desserts du jour

- Crêpes au sucre
- Mousse au chocolat

1 Regarde le menu. À ton avis, une brasserie, qu'est-ce que c'est ?

- a. Un restaurant.
- b. Un supermarché.
- c. Une cantine.

2 Associe les photos aux plats et trouve l'intrus : quel plat n'est pas sur le menu ?

3 Écoute et retrouve la photo du plat correspondant à la description.

4 Quel plat est-ce que tu voudrais / ne voudrais pas goûter ?

5 Par groupes. Composez un menu avec des plats et des desserts de votre pays.

CD Classe **1** Ex. 3 → piste 78

 Vidéo : Un extrait de l'émission C'est moi qui régale

document A

Litre (l)	Centilitre (cl)	Décilitre (dl)	Kilogramme (kg) / gramme (g)
1 l	100 cl	10 dl	1 kg
1/2 l (un demi–litre)	50 cl	5 dl	500 g
1/4 l (un quart de litre)	25 cl	2,5 dl	250 g

document B

Une cuillère à café =
0,5 cl d'eau ou de jus de fruits
5 g de sucre
4 g de farine

Une cuillère à soupe =

3 cuillères à café	10 g de café
1,5 cl d'eau ou de jus de fruits	12 g de farine
5 g de fromage râpé	15 g de sucre

1 **Observe le document A. Transforme les quantités.**

a. Nous devons boire 15 dl d'eau par jour.
   → *(litres)* Nous devons boire … l d'eau par jour.
b. Dans cette boîte, il y a 33 cl de boisson. → *(grammes)* …
c. Pour faire cuire les pâtes, j'utilise 12,5 dl d'eau. → *(centilitres)* …

2 **Observe le document B et écoute les questions d'Akiko. Réponds par « oui » ou « non ».**

a. Pour ma recette, je dois avoir cent cinquante grammes de sucre. Dans le paquet, il y a douze cuillères à soupe. J'ai assez de sucre ?

b. Trois cuillères à café de café, c'est dix grammes de café ?

c. Pour faire ce gâteau, la recette indique dix cuillères à soupe de farine. Je mets cent cinquante grammes. C'est trop ?

d. Quatre cuillères à soupe de fromage râpé, ça fait cinquante grammes ?

3 **Transforme la recette en nombre de cuillères à café.**

INGRÉDIENTS :

100 g de farine
5 dl d'eau
70 g de sucre
…

4 **Par deux. Choisis une quantité et un ingrédient et pose des devinettes à ton / ta camarade.**

Trente centilitres d'eau, ça fait combien de cuillères à soupe ?

GRAMMAIRE

Les articles partitifs *du, de la, de l', des*

1 Complète avec un article partitif.

> Je vais prendre ... salade verte, ... poulet et ... pommes de terre, et ensuite ... fruits.

> Moi, je vais manger ... pâtes aux légumes et ... fromage. Je voudrais aussi ... eau, s'il vous plaît.

2 Complète avec *le, la, l', les* ou *du, de la, de l', des*.

a. J'adore ... pommes de terre, je vais prendre ... pommes de terre !

b. Je bois ... eau tous les jours parce que ... eau, c'est bon pour la santé !

c. Tu achètes ... poulet ? J'aime bien ... poulet.

d. Où sont ... légumes ? Il y a ... légumes dans la salade de pâtes.

e. Les Français aiment ... fromage. Et toi, tu manges ... fromage ?

3 🏆 Complète avec *pas le, pas la, pas les* ou *pas de, pas d'*.

a. Akiko ne mange ... chips.

b. Vous avez du fromage ? Non, nous n'avons ... fromage.

c. Hugo n'aime ... salade.

d. Les fruits, c'est bon pour la santé, ... gâteaux.

e. Il n'y a ... eau ?

Les adverbes de quantité

4 Hugo ne fait pas toujours attention à son alimentation ! Associe.

a. Hugo mange de la viande le midi et le soir.

b. Il ne mange pas de fruit tous les jours.

c. Il mange un légume par jour.

d. Il mange cinq tranches de pain à la confiture le matin.

e. Il boit deux boissons sucrées au goûter.

f. Il boit de l'eau le soir, au dîner, mais pas la journée.

1. C'est peu !
2. C'est beaucoup !
3. Ce n'est pas assez !
4. C'est trop !

5 Complète avec *beaucoup (de / d'), assez (de / d'), trop (de / d'), peu (de / d')*.

a. Dans les fruits et les légumes, il y a ... eau.

b. Dans cette recette, on doit utiliser deux boîtes de thon. J'ai seulement une boîte, ce n'est pas ... !

c. Tu prends un ... sucre dans ton yaourt ? Oui, une cuillère.

d. Il y a ... confiture sur ton pain, ce n'est pas bon pour la santé, c'est ... sucré !

e. Nous sommes quatre. Nous avons ... fraises pour tout le monde ?

Les verbes *devoir* et *boire*

6 Écoute et retrouve la forme verbale que tu entends.

devez	doivent	dois
devons	boit	buvons

LEXIQUE

Les aliments

7 Écoute et associe.

→ a = …

a.

b.

c.

Les quantités

8 Associe quand c'est possible.

a. Une boîte de…   1. pâtes.
b. Un paquet de…   2. sucre.
c. Une assiette de…   3. viande.
d. Une cuillère de…   4. gâteaux.
e. Une tranche de…   5. pain.
f. Un morceau de…   6. chips.

Les repas

9 Observe les repas et classe-les dans le menu du jour.

a.   b.

c.   d.

MENU du jour			
Petit déjeuner	Déjeuner	Goûter	Dîner
…	…	…	…

COMMUNICATION

Exprimer une quantité

10 Par deux. Choisis un panier et décris le contenu à ton / ta camarade. Il / Elle devine quel est ton panier. (N'oublie pas les quantités !)

Dans mon panier, il y a un paquet de bonbons…

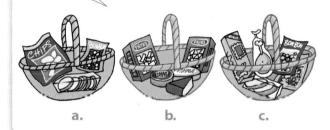

a.   b.   c.

PHONÉTIQUE

Les sons [k] et [g]

11 Souligne dans les phrases les « c / qu » et les « g », puis prononce-les.

a. Goûte ce gros gâteau !
b. Hugo fait cuire des légumes.
c. Le gâteau aux carottes, c'est sucré ?
d. Nous organisons un pique-nique mercredi.
e. Je mets combien de cuillères de confiture ?

12 Écoute pour vérifier.

apprendre à **apprendre**

Comment mieux comprendre la grammaire ?

1. Observe attentivement les structures grammaticales dans les textes de ton livre.
2. Essaie de comprendre la règle par toi-même avec l'aide de ton professeur et de ton livre.
3. Fais des fiches avec les différentes règles de grammaire. N'oublie pas de mettre des couleurs !
4. On mémorise plus facilement quand on a trouvé soi-même une règle !

1 Compréhension de l'oral

Exprimer
une quantité

(.../5)

Écoute et complète les quantités des ingrédients.

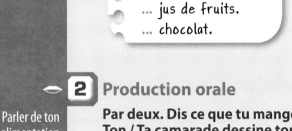

INGRÉDIENTS :

... bananes.
... fraises.
... sucre.
... jus de fruits.
... chocolat.

2 Production orale

Parler de ton
alimentation

(.../5)

**Par deux. Dis ce que tu manges au dîner.
Ton / Ta camarade dessine ton repas,
puis tu vérifies.**

Au dîner, je ne mange pas
de viande, je mange…

Une **bonne alimentation**

P our notre corps, nous devons manger de tout.

5 fruits et légumes par jour, ce n'est pas trop pour être en bonne santé.

Mais attention, manger trop de viande, ce n'est pas bon ! Nous ne devons pas manger de viande le midi et le soir ! Une fois par jour, pas tous les jours de la semaine, c'est assez !

Faites attention au sucre ! Un peu de sucre n'est pas mauvais pour la santé : il y a du sucre dans les pâtes ou le pain, par exemple. Mais les bonbons et les gâteaux sont trop sucrés !

3 Compréhension écrite

Faire des
recommandations

(.../5)

Lis l'article : vrai ou faux ?

a. Nous devons manger cinq fruits
et cinq légumes par jour.   vrai / faux
b. Nous devons manger de la viande
le midi et le soir.   vrai / faux
c. Nous ne devons jamais manger de sucre.   vrai / faux
d. Il y a du sucre dans les pâtes et le pain.   vrai / faux
e. Il y a trop de sucre dans les gâteaux
et les bonbons.   vrai / faux

4 Production écrite

Faire une liste
de courses

(.../5)

**Tu organises un goûter et tu invites quatre
copains / copines. Fais ta liste de courses.
Écris cinq aliments au minimum !**

Ton dico

		le repas	le supermarché	manger	la tranche	le gramme
	la viande	le petit déjeuner	les courses	boire	la boîte	le litre
	les légumes	le déjeuner	le pique-nique	devoir	le morceau	
l'alimentation	la salade	le goûter		mélanger	le paquet	
les aliments	le fromage	le dîner		mettre	la cuillère	un peu (de)
la santé	le pain	le menu	la cuisine	ajouter	le couteau	assez (de)
	le jus de fruits	le plat	la recette	couper	la casserole	beaucoup (de)
	l'eau	le dessert	l'ingrédient	cuire	le frigo	trop (de)

CD Classe ❶ Ex. 1 → piste 83 ; Ton dico → piste 84   → Reporter les résultats de l'évaluation dans le cahier d'activités p. 28

Hugo

CONTRAT D'APPRENTISSAGE

Dans ce module, tu vas apprendre à...
– compter jusqu'à l'infini
– raconter des événements passés
– localiser dans le temps
– donner des informations biographiques

Pour...
– raconter une aventure
– écrire un article sur une star
– imaginer une épreuve pour un jeu

> Hugo, en direct de la chaîne France 2... Je suis dans une situation difficile, je dois traverser une pièce avec des araignées et... Hum ! Bon, je ne suis pas à la télé, mais j'adore l'aventure, comme dans mon émission préférée : Fort Boyard ! C'est l'heure, j'allume la télé !

1 **Regarde les images. Quelles sont les passions d'Hugo ?**

2 **Et toi, est-ce que tu aimes l'aventure ?**

3 **Écoute Hugo : vrai ou faux ?**

a. Il va regarder une émission de télé. vrai / faux
b. Il aime les aventures. vrai / faux
c. Fort Boyard est une chaîne de télé. vrai / faux

4 **Et toi, tu regardes la télé ? Combien d'heures par jour ?**

Moi, je regarde la télé une heure par jour.

CD Classe **2** Ex. 3 → piste 1

LEÇON 1
Moi et les autres

Les aventures d'Hugo

1 **Tu as déjà rencontré une star ?**

DIALOGUE

HUGO. – Vous avez déjà rencontré une star ?
ÉMILIE. – Euh… moi, oui, j'ai vu Diam's.
JEANNE. – La chanteuse ? Ah bon ? Où ?
ÉMILIE. – À son concert : j'ai adoré !
JEANNE. – Et toi, Hugo ?
HUGO. – Moi, hier, j'ai fait une rencontre incroyable : j'ai parlé avec André Bouchet dans un parc d'attractions !
JEANNE. – André Bouchet ? C'est qui ?
HUGO. – C'est Passe-Partout, un personnage de Fort Boyard !
JEANNE. – Le jeu à la télé ? Je n'ai jamais regardé.
ÉMILIE. – Et comment ça s'est passé ?
HUGO. – J'ai pris le train fantôme, et il y a eu un problème. On a dû rester vingt minutes dans le noir, au milieu des araignées et des squelettes. Alors j'ai parlé avec mon voisin, un homme tout petit : Passe-Partout ! Il m'a donné un autographe ! Regardez !
ÉMILIE. – Ah ! Hugo, tu as toujours des histoires incroyables à raconter !
JEANNE. – C'est parce que c'est un aventurier !

COMPRÉHENSION

2 **Écoute et associe.**

Hugo a rencontré…	a. … Diam's…	1. … dans un train fantôme.
Émilie a vu…	b. … André Bouchet…	2. … en concert.

3 **Écoute encore : vrai ou faux ?**

a. André Bouchet est chanteur. vrai / faux
b. Jeanne n'a jamais regardé le jeu Fort Boyard à la télé. vrai / faux
c. Hugo a eu un problème dans un parc d'attractions. vrai / faux
d. Hugo n'a jamais eu d'autographe d'une star. vrai / faux

62 ■ soixante-deux

GRAMMAIRE

4 **Relis le dialogue et associe. À ton avis, quand se passent ces actions : dans le passé, le présent ou le futur ?**

a. Vous avez rencontré.   1. prendre
b. J'ai pris.   2. adorer
c. J'ai adoré.   3. rencontrer
d. Il y a eu.   4. devoir
e. On a dû.   5. avoir

Le passé composé avec *avoir* 🔘

On utilise le passé composé pour raconter des faits passés. La plupart des verbes se conjuguent avec *avoir* au présent + le verbe au participe passé.

Les verbes en *-er* ont un participe passé en *-é*.

| J'ai, tu as, il/elle/on a, nous avons, vous avez, ils/elles ont | rencontré une star, adoré un concert. |

Les autres verbes ont un participe passé irrégulier.

| J'ai, tu as, il/elle/on a, nous avons, vous avez, ils/elles ont | pris le métro / le train fantôme, eu un problème, dû rester dans le noir, etc. |

À la forme négative :
Je n'ai **pas** regardé.
Je n'ai **jamais** regardé.

5 **Cherche dans le dialogue deux autres participes passés irréguliers.**

6 Phonétique. **Écoute et dis si tu entends le présent [ə] « e » ou le passé composé [e] « é ».**

[ə] « e »	[e] « é »
…	a, …

7 **Et toi, qu'est-ce que tu as fait hier ? Utilise des verbes en *-er* ou les verbes *prendre, devoir, faire, avoir*.**

Hier, j'ai rencontré Jeanne.

COMMUNICATION

8 **Retrouve dans le dialogue la réponse aux questions suivantes.**

a. Vous avez déjà rencontré une star ?
b. Vous avez déjà regardé Fort Boyard ?

Pour échanger sur des expériences passées 🔘

Vous avez **déjà** rencontré une star ?
Oui, j'ai **déjà** rencontré une star.
Non, je **n'**ai **jamais** rencontré **de** star.

9 **Et toi, est-ce que tu as déjà...**

a. fait une rencontre incroyable ?
b. visité un parc d'attractions ?
c. pris un train fantôme ?
d. vu le concert d'un chanteur célèbre ?

Oui, j'ai déjà visité beaucoup de parcs d'attractions ! J'adore !

Non, je n'ai jamais...

Raconte une aventure ! **10**

a. Imagine une aventure incroyable ou terrifiante.

trouver une araignée chez soi

voir un fantôme dans sa chambre

devoir rester longtemps dans le noir   etc.

b. Par deux, créez un dialogue pour raconter vos aventures !

Tu as déjà vu un fantôme ?

Non, je n'ai jamais...
Et toi, tu as déjà... ?

c. Jouez votre dialogue devant la classe.

LEÇON 2
Ma page perso

Mes personnalités préférées

1 Peux-tu trouver des personnalités équivalentes dans ton pays ?

1. Diam's

2. Nicolas Hulot

3. Cathy Sarraï

A. Lui et moi, nous sommes nés le même jour : le 30 mars (mais pas la même année) ! Il est très petit et il est devenu animateur pour la télévision avec l'émission Fort Boyard. Son personnage de Passe-Partout est célèbre dans trente pays ! Il est aussi chanteur et acteur.

B. Son vrai nom, c'est Mélanie. Elle est née à Chypre et elle est arrivée en France à l'âge de quatre ans. Ses chansons sont devenues célèbres et, ensuite, elle est allée en voyage en Afrique. Quand elle est revenue, elle a fait son album « Enfant du désert ». C'est ma chanteuse préférée !

4. André Bouchet

COMPRÉHENSION

2 Lis les deux textes et retrouve à quelle photo chacun correspond.

3 Écoute Hugo présenter les deux autres personnalités et retrouve de qui il s'agit.

LEXIQUE

4 **Relis les textes et réécoute Hugo. Qui est…**

a. animateur / animatrice ?
b. chanteur / chanteuse ?
c. aventurier / aventurière ?
d. acteur / actrice ?

5 **Écoute encore et complète avec les mots suivants.**

chaîne   animateur   téléréalité

télé   publicités   émission

a. Super Nanny a fait une … de … et aussi des … .
b. M6 est une … de … .
c. Nicolas Hulot est l'… d'Ushuaïa Nature.

GRAMMAIRE

6 **Cherche dans les textes les verbes au passé composé et classe-les dans le tableau.**

Passé composé avec *être*	Passé composé avec *avoir*
nous sommes nés, …	…

Le passé composé avec *être* ◎

Au passé composé, on utilise l'auxiliaire *être* pour **14 verbes** (*naître, mourir, aller, partir, venir, passer, monter, descendre, retourner, entrer, sortir, arriver, rester, tomber*) ainsi que pour **les verbes pronominaux**.

Il **est devenu** animateur.
Il **est allé** dans beaucoup de pays.
Il **s'est passionné** pour la protection de la nature.

On accorde le participe passé avec le sujet.

Nous **sommes né**s le même jour.
Elle **est né**e à Chypre.
Elle **est mort**e.
Ses chansons **sont devenu**es célèbres.

7 **Complète la biographie de Cathy Sarraï en conjuguant les verbes au passé composé.**

Cathy Sarraï … (naître) en Tunisie. Elle … (venir) en France en 1979 avec sa famille.
Elle … (arriver) à la télévision française en 2005. Beaucoup de ses émissions … (passer) sur la chaîne M6. Elle … (mourir) en 2010.

8 **Et toi, où et quand est-ce que tu es né(e) ? Cherche tous les élèves de la classe qui sont nés le même mois que toi.**

Je suis né le 30 mars, à Paris !

9 **Jeu du « Qui suis-je ? », par deux. Ton / Ta camarade décide quelle personnalité de la télé tu es. Pose des questions pour deviner de qui il s'agit.**

Est-ce que je suis un chanteur ?

Non.

Écris un article sur une star !

10 **Ouvre ton cahier d'activités p. 58.**

a. Choisis une star que tu aimes bien. Cherche des informations et des photos sur elle.
b. Écris une petite biographie de ta star et colle les photos.
c. Présente ta star préférée à la classe.

Vous pouvez chercher des informations sur les stars sur Internet.

3

Fort Boyard

Épreuve n°1

1 Observe le document.
Tu connais cette émission ?

Épreuve n°2

Le fort date de 1857

Répondez aux énigmes
du père Fouras.

france 2 Le jeu Fort Boyard
est né en 1990. Et en 2011,
il existe toujours ! Deux
équipes de candidats doivent
participer à des épreuves
pour trouver un trésor.

Règles du jeu

Au début du jeu, il y a deux équipes.
Elles doivent d'abord trouver le
maximum de clés pour continuer le jeu.
Ensuite, les équipes doivent trouver un
mot code. À la fin de l'émission, avec le
mot code, elles collectent des boyards
(des pièces d'or) et ont la possibilité de
gagner dix mille euros.
Pendant l'émission, les candidats doivent
aussi trouver la solution aux énigmes
du père Fouras.

Épreuve n°3

COMPRÉHENSION

2 **Lis le document : vrai ou faux ?**

a. Le jeu passe sur la chaîne
   France 2.   vrai / faux

b. Pour gagner, les candidats
   doivent trouver 10 000 euros.   vrai / faux

c. Les candidats jouent par équipes. vrai / faux

d. Les candidats doivent trouver
   des clés et un mot code.   vrai / faux

e. Le père Fouras pose
   des questions aux candidats.   vrai / faux

f. Les boyards sont
   des personnages du jeu.   vrai / faux

 3 **Écoute la description des épreuves
et retrouve les photos correspondantes.**

COMMUNICATION

4 **Relis le document et complète le résumé
avec les mots suivants.**

ensuite – à la fin – pendant –
en – au début – d'abord

> … du jeu, il y a deux équipes et …
> une équipe seulement gagne ! … le jeu,
> les candidats doivent participer
> à des épreuves : ils doivent … trouver
> des clés et, …, un mot code.
> L'émission a commencé … 1990.

Pour localiser dans le temps

Pour indiquer la date

Le jeu est né **en 1990**.

Pour indiquer la chronologie

Au début (du jeu) = D'abord, les équipes
doivent trouver des clés, **ensuite,** un mot
code et, **à la fin (du jeu),** ils doivent trouver
un trésor.

Pour indiquer une durée

Pendant le jeu, les équipes doivent répondre
à des énigmes.

5 **Complète avec *pendant,
d'abord, ensuite, à la fin*.**

…, le candidat entre
dans la tour du Fort.
…, il écoute l'énigme
du père Fouras. Il a
trois minutes pour
répondre. … des trois
minutes, il gagne une
clé ou le père Fouras
jette la clé dans la mer. … cette épreuve,
l'équipe du candidat ne l'aide pas.

LEXIQUE

6 **Écoute les énigmes du père Fouras
et retrouve le nombre que tu entends.**

a. 1990 / 1980 / 1941 –
   1 000 000 / 10 000 / 1 000
b. 50 000 / 5 000 / 500 000
c. 1957 / 1857 / 1587

7 **Réécoute les énigmes et trouve la solution.**

8 **Trouve des événements correspondant
à ces dates.**

a. En 1990, …
b. En 2000, …
c. En 2011, …
d. En 1998, …

> En 1998, je suis né !

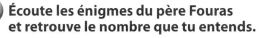

Imagine une épreuve pour le jeu Fort Boyard ! **9**

a. Par petits groupes. Imaginez
   une épreuve pour le jeu Fort Boyard.
b. Écrivez les règles : qu'est-ce que
   le candidat doit faire, qu'est-ce qu'il
   doit trouver ?

> Le candidat a quatre–vingts secondes
> pour trouver une clé dans une pièce
> avec des serpents…

c. Présentez votre épreuve à la classe,
   qui vote pour l'épreuve la plus originale !

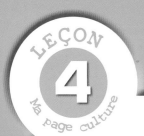

LEÇON 4 Ma page culture

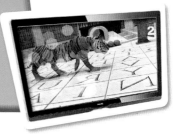

La télévision française

http://www.programme-tele.fr

PROGRAMME TV

CE SOIR | EN CE MOMENT

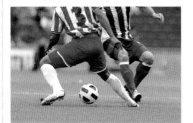

TF1

Lyon / PSG

france 2

Le 20 heures

france 3

Plus belle la vie

CANAL+

Les Simpsons

arte

La Môme

M6

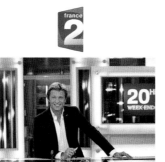

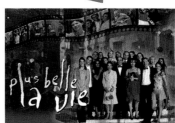

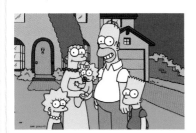

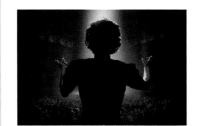

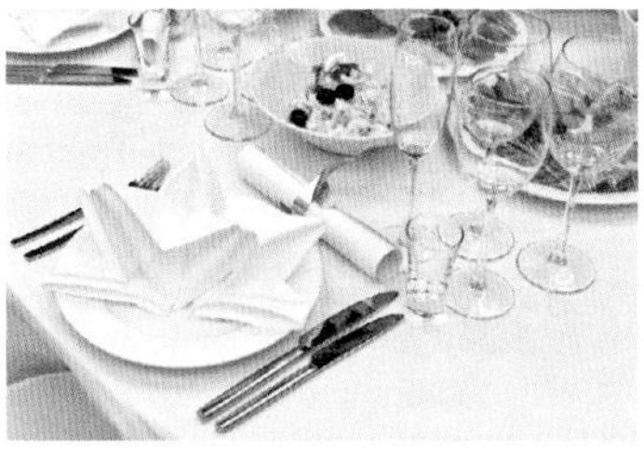

Un dîner presque parfait

1 Observe le document et retrouve les noms des principales chaînes de télé françaises.

2 Écoute et retrouve le genre de chaque émission.

- une série
- un film
- le journal télévisé
- un dessin animé
- un match
- une émission de téléréalité

3 Et toi, qu'est-ce que tu préfères regarder à la télé ?

4 À ton avis, regarder la télé, c'est bien ? Par petits groupes, faites la liste des aspects positifs et négatifs de la télé.

La télé, c'est bien pour apprendre le français !

Regarder trop la télé, c'est mauvais pour la santé !

CD Classe 2 Ex. 2 → piste 11

Vidéo : Un extrait de l'émission Fort Boyard

Mon **cours** d' **histoire**

document A

Louis XVI

Coco Chanel

Jeanne d'Arc

Victor Hugo

document B

1 Son vrai nom est Gabrielle Bonheur. Elle a changé les vêtements des femmes dans les années 1920-1930 et elle a créé des parfums célèbres.

2 À l'âge de treize ans, elle a entendu des voix et, de 1429 à 1431, elle a participé à la guerre contre les Anglais.

3 Fils de Louis XV et petit-fils de Louis XIV, il est devenu roi à l'âge de vingt ans. Il a eu la tête coupée à la Révolution.

4 C'est un très grand écrivain. Il a participé à la vie politique de la France et il est mort en 1885.

document C

Le Moyen Âge VIe-XVe siècles	La Renaissance XVe-XVIe siècles	L'époque moderne XVIIe- XVIIIe siècles	L'époque contemporaine XIXe- XXIe siècles

LA RÉVOLUTION

1 Associe les photos du document A aux textes du document B.

2 Observe le document C et écoute. Dis de quelle époque on parle.

a : l'époque contemporaine.

3 Connais-tu les chiffres romains ? Associe.

a. 9   1. V
b. 3   2. X
c. 10   3. III
d. 16   4. XVI
e. 5   5. IV
f. 4   6. IX

4 Trouve à quel siècle ont vécu les personnages du document A.

Louis XVI, c'est le XVIIIe siècle.

5 Par deux. Choisissez un personnage historique de votre pays et écrivez un petit texte. La classe devine de qui il s'agit.

Il est espagnol, il a vécu au XVe siècle, il a découvert l'Amérique.

C'est Christophe Colomb !

GRAMMAIRE

Le passé composé avec *avoir*

1 **Transforme les phrases au passé composé.**

a. Tu parles avec Diam's ? → Tu …
b. Ma famille et moi regardons un jeu à la télé.
c. Nous n'aimons pas ce jeu.
d. Vous racontez une histoire incroyable !

2 **Associe.**

a. Nous avons eu…   1. une star en vrai.
b. Hugo a dû…   2. rentrer à pied.
c. Je n'ai jamais pris…   3. l'avion.
d. Tu as déjà vu…   4. un autographe.

Le passé composé avec *être*

3 **Choisis la bonne réponse.**

a. Vous et moi, nous sommes nés / né / née le même jour.

b. Vous êtes déjà allée / allés / allées en Afrique ?

c. Votre film est passé / passée / passés combien de fois à la télé ?

d. Comment est-ce que vous êtes devenue / devenues / devenu célèbre ?

4 🏆 ***Être* ou *avoir* ? Conjugue au passé composé.**

Hugo … (naître) le 30 mars, il … (habiter) en Afrique et, à l'âge de deux ans, sa mère et lui … (revenir) en France mais son père … (rester) encore deux ans. Il … déjà … (passer) à la télé dans une publicité ! Et à treize ans, il … (avoir) des aventures incroyables ! Une vraie vie de star !

Les marqueurs chronologiques

5 **Associe.**

a. Pendant…   1. film, le personnage n'est pas mort.
b. Au début de…
c. À la fin du…   2. les épreuves, les candidats doivent se dépêcher.
d. Il a été animateur, et ensuite…   3. l'émission, l'animateur présente les candidats.
e. Elle a fait des publicités, mais d'abord…   4. elle a présenté une émission de téléréalité.
                               5. il est devenu chanteur.

LEXIQUE

Les stars

6 **Associe.**

a.

b.

c.

d.

1. Paul Blabla, animateur

2. Marina Comédie, actrice

3. Jo Mélodie, chanteur

4. Rosa Casse-Cou, aventurière

La télévision

7 **Complète avec les mots suivants.**

émissions (x 2) – chaîne – télé – animateur –
jeu – téléréalité – publicités – candidats

a. France 2 est une … de … française.
b. Entre les …, il y a des … .
c. Des … participent au … .
d. Nicolas Hulot n'est pas … de … !
   Il présente des … sur la nature.

Les nombres jusqu'à l'infini

8 **Entraîne-toi à dire ces dates à haute voix, puis écoute pour vérifier.**

a. 1987   d. 1999
b. 1789   e. 2003
c. 2011   f. 1876

9 **Joue avec la classe. Réponds aux questions le plus rapidement possible.**

a. Passe-Partout ouvre quinze portes dans une émission. Combien de portes est-ce qu'il a ouvertes en deux cent cinquante émissions ?
b. Tu regardes la télé trois heures par jour. Combien d'heures est-ce que tu la regardes par an ?
c. Cinquante-deux boyards font un kilo. Combien de boyards il y a dans vingt-deux kilos ?

COMMUNICATION

Échanger sur des expériences passées

10 **Par deux. Dis à ton / ta camarade deux choses que tu as déjà faites et deux choses que tu n'as jamais faites.**

Moi, je suis déjà passé à la télé avec le collège.

Moi, je n'ai jamais écouté une chanson de Diam's !

Localiser dans le temps

11 **Choisis une réponse et partage tes résultats avec la classe.**

A **Quand tu regardes la télé, qu'est-ce que tu fais pendant les publicités ?**
a. Tu regardes.
b. Tu changes de chaîne.
c. Tu vas chercher à manger dans le frigo.

B **Au début de ton émission préférée, tu…**
a. … appelles ta famille, elle regarde avec toi.
b. … fermes la porte de ta chambre, tu aimes regarder seul(e).
c. … téléphones à tes amis, ils ne doivent pas oublier de regarder !

C **À la fin de la journée,…**
a. … tu regardes d'abord la télé et ensuite, tu manges en famille.
b. … tu parles d'abord avec ta famille et ensuite, vous regardez la télé.
c. … tu fais d'abord tes devoirs et ensuite, tu parles avec ta famille.

PHONÉTIQUE

Les sons [ə] « e » et [e] « é »

12 **Écoute et choisis ce que tu entends.**

a. Je parle. / J'ai parlé.
b. J'ai écouté. / J'écoute.
c. Je regarde. / J'ai regardé.
d. Je joue. / J'ai joué.

apprendre à apprendre

Comment trouver la motivation quand c'est difficile ?
1. Révise avec tes copains après la classe.
2. Demande de l'aide à ton professeur.
3. Regarde un film ou écoute une chanson en français que tu aimes bien.
4. Fais des jeux ou des activités de ton CDRom.

1 Compréhension de l'oral

Compter jusqu'à l'infini

...../5

Écoute et complète avec un nombre.

a. Nombre de personnages : ...
b. Nombre d'épisodes : ...
c. Date du 1 000ᵉ épisode : ...
d. Date de naissance de *Plus belle la vie* : ...
e. Nombre de Français qui la regardent tous les jours : ...

2 Production orale

Raconter des événements passés

...../5

Observe les dessins et raconte les événements.

Hier, Hugo...

a.   b.   c.   d.

3 Compréhension écrite

Localiser dans le temps

...../5

Lis le texte : vrai ou faux ?

a. Coco Chanel est née au XVIIIᵉ siècle.   vrai / faux
b. Sa mère est morte quand elle a eu douze ans.   vrai / faux
c. Coco Chanel a été chanteuse et ensuite
   elle a fait des vêtements.   vrai / faux
d. Un célèbre vêtement de Coco Chanel
   est une petite robe courte.   vrai / faux
e. Coco Chanel n'a pas aimé les cheveux courts
   pour les femmes.   vrai / faux

Coco Chanel est née en 1883. Sa mère est morte en 1895. À l'âge de dix-huit ans, elle a d'abord appris à faire des vêtements. Ensuite, elle est devenue chanteuse à vingt-quatre ans.

Pendant les années 1920 et 1930, elle a été célèbre pour sa « petite robe noire » et parce qu'elle a imaginé la mode des cheveux courts pour les femmes.

4 Production écrite

Donner des informations biographiques

...../5

Écris une petite biographie de toi-même.

→ *Je suis né...*

 Ton dico

			l'autographe	rester	le candidat	le Moyen Âge
			la star	passer	l'énigme	la Renaissance
d'abord	le parc	l'animateur	célèbre	monter	la solution	la Révolution
au début de	d'attractions	l'acteur	né(e)	descendre	le trésor	le siècle
ensuite	le squelette	le chanteur	mort(e)	retourner	l'épreuve	la guerre
pendant	l'araignée	l'aventurier	la biographie	entrer		
à la fin de	le fantôme	l'écrivain	raconter	sortir		

Émilie

CONTRAT D'APPRENTISSAGE

Dans ce module, tu vas apprendre à...
- t'exprimer en évitant les répétitions
- exprimer tes besoins et tes sensations
- présenter un projet
- exprimer la condition

Pour...
- organiser une collecte
- imaginer un projet humanitaire
- passer ton brevet de secouriste

> Si des personnes ont faim, si elles sont malades, on doit les aider. Moi, je veux leur offrir mon aide. Dans mon collège, on a créé un Club Solidarité et on organise des collectes de vêtements et des événements sportifs. On gagne de l'argent et on le donne à des associations humanitaires. J'ai oublié de me présenter : je m'appelle Émilie !

croix-rouge française

samusocialdePari

① Observe l'image. Trois logos ont un symbole commun : lequel ? À ton avis, pourquoi ?

② Écoute Émilie. Qui veut-elle aider ?

   a. Les personnes malades.
   b. Les personnes sportives.
   c. Les personnes qui n'ont rien à manger.

③ À ton avis, « la solidarité », qu'est-ce que c'est ?

④ Et toi, est-ce que tu aides des personnes ? Comment ?

Une collecte au collège

1 **Regarde l'image. À ton avis, que fait Émilie ?**

DIALOGUE

ÉMILIE. – Aujourd'hui, au Club Solidarité, nous organisons une collecte pour l'association des Restos du Cœur. Vous êtes d'accord ?

ÉTIENNE. – Pourquoi tu as choisi les Restos du Cœur ?

ÉMILIE. – Parce qu'ils aident les personnes en difficulté.

WASSIM. – Qu'est-ce qu'on leur donne ?

JEANNE. – Des vêtements ?

ÉMILIE. – Non, on leur apporte seulement de la nourriture : des pâtes, des paquets de gâteaux, etc., parce qu'ils offrent des repas.

WASSIM. – Comment on organise la collecte ?

ÉMILIE. – Toi, Wassim, tu vas voir le professeur principal. Tu lui parles de notre projet, tu lui expliques pourquoi nous faisons cette collecte. Jeanne et Étienne, vous allez coller les affiches dans le collège.

JEANNE. – D'accord ! Tu as demandé les affiches aux Restos du Cœur ?

ÉMILIE. – Non, mais je leur téléphone aujourd'hui. N'oubliez pas : samedi matin, neuf heures, tout le monde est là pour préparer les paquets et les envoyer à l'association !

ÉTIENNE. – Super ! Et c'est toi le chef ?

ÉMILIE. – Bien sûr ! Mais nous sommes une équipe !

COMPRÉHENSION

2 **Écoute le dialogue : vrai ou faux ?**

a. Les Restos du Cœur donnent des repas aux personnes en difficulté. vrai / faux

b. Les élèves vont collecter de la nourriture et des vêtements. vrai / faux

c. Émilie a écrit à l'association pour avoir des affiches. vrai / faux

d. Ils vont parler de leur projet au professeur principal. vrai / faux

3 **Écoute encore et associe.**

a. Émilie 1. explique le projet au professeur principal.

b. Jeanne et Étienne 2. téléphone aux Restos du Cœur aujourd'hui.

c. Wassim 3. collent des affiches dans le collège.

d. Tous les élèves du Club Solidarité 4. font les paquets et les envoient à l'association.

LEXIQUE

4 **Complète l'annonce. Écris les mots à la forme qui convient.**

collecte – en difficulté – solidarité – donner – aider – collecter

Le club … organise samedi une … pour l'association des Restos du Cœur.
Venez … de la nourriture.
Si nous … beaucoup de produits, les Restos du Cœur vont … beaucoup de personnes … .

GRAMMAIRE

5 **Retrouve la phrase correspondante dans le dialogue.**

Exemple : On apporte de la nourriture aux Restos du Cœur. → On leur apporte de la nourriture.

a. Tu expliques au professeur principal pourquoi nous faisons cette collecte.
b. Je téléphone aux Restos du Cœur aujourd'hui.

Les pronoms COI (complément d'objet indirect)

Tu parles à un / au (= à le) professeur. COI masculin	→ Tu lui parles.
Tu parles à une / à la camarade. COI féminin	
Je téléphone à des / aux (= à les) professeurs. COI masculin pluriel	→ Je leur téléphone.
Je téléphone à des / aux (= à les) copines. COI féminin pluriel	

Les pronoms COI *lui* et *leur* remplacent des compléments de personnes.

6 **Par deux. Un(e) élève fabrique une phrase et l'autre la transforme avec un COI.**

Exemple : (je) téléphoner – le père de Wassim

J'ai téléphoné au père de Wassim.

Tu lui as téléphoné ?

a. (nous) expliquer le projet – le professeur principal
b. (vous) parler de la collecte – tous les élèves du collège
c. (le Club Solidarité) envoyer les paquets – les Restos du Cœur

7 **Phonétique. Écoute les phrases suivantes et amuse-toi à les prononcer le plus rapidement possible.**

a. Aujourd'hui, nous collectons des produits.
b. On lui donne des fruits ?
c. Émilie et ses huit amis organisent une collecte le dix-huit juin.

Organise une collecte ! **8**

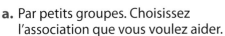

a. Par petits groupes. Choisissez l'association que vous voulez aider.
b. Imaginez ce que vous voulez collecter (de l'argent, des produits alimentaires, du matériel scolaire, etc.).
c. Préparez l'affiche de votre collecte.
d. Présentez votre projet à la classe.

Nous voulons aider…

Nous voulons leur envoyer…

Nous allons leur donner…

J'ai participé à la course contre la maladie

1 Est-ce qu'il existe un Téléthon dans ton pays ?

COLLÈGE INFOS

Le journal du collège Jacques Prévert de Paris - décembre 2010 - n° 68

ACTUS

Les 240 élèves de 6ᵉ et de 5ᵉ ont couru 695 km !

Les malades ont besoin de nous !

Vendredi, avec le Club Solidarité, nous avons organisé une course contre la maladie pour le Téléthon.

La règle du jeu ? Les élèves doivent trouver un « parrain » et courir le maximum de tours dans la cour du collège (un tour = 500 mètres). Si un élève fait 1 tour, son parrain lui donne 2 euros. S'il fait 3 tours, il lui donne 6 euros, etc. Le champion a fait 13 tours !

Au total, nous avons fait 1390 tours ! Nous avons collecté 2780 euros !

Nous avons été tous fatigués, mais très contents ! Si on collecte beaucoup d'argent pour le Téléthon, on peut aider beaucoup d'enfants malades.

Si vous avez envie de collecter de l'argent pour le Téléthon, organisez aussi une course contre la maladie dans votre collège !

Émilie Garcia-Raminosoa

EuroCheque — Deux mille sept cent quatre vingts Euros — Date 11 déc. 2010 — € 2780,00

COMPRÉHENSION

2 Regarde les photos et lis le texte d'Émilie : vrai ou faux ?

a. 695 élèves ont participé à la course. vrai / faux
b. Tous les élèves ont fait 13 tours. vrai / faux
c. Les élèves font la course pour collecter de l'argent. vrai / faux
d. Les élèves doivent faire le maximum de tours. vrai / faux

COMMUNICATION

3 Quelles sont les sensations d'Émilie pendant la course ? Écoute et complète les bulles. (Aide-toi du tableau ci-dessous.)

Exemple :

J'ai soif !

J'ai … !

a.

b.

c.

d.

Pour exprimer ses besoins et ses sensations

Avoir faim / soif, chaud / froid
J'ai soif, j'ai chaud et j'ai faim !

Avoir mal, peur
J'ai mal aux pieds.

Avoir besoin de…, envie de…
Les malades **ont besoin de** nous !
J'ai envie d'aider les enfants malades.

Être fatigué(e), malade, content(e)
Émilie **est fatiguée** mais **contente**.

4 Mime une sensation. Tes camarades doivent deviner de quoi il s'agit.

GRAMMAIRE

5 Cherche dans le texte les conditions correspondant à ces résultats.

a. Le parrain donne deux euros, si …
b. On peut guérir des enfants malades, …

Si + présent

Condition (*si* + présent)	Résultat (présent ou impératif)
Si vous **avez** envie de collecter de l'argent pour le téléthon…	… vous **devez** organiser une course dans votre collège ! … **organisez** une course dans votre collège !

6 Par deux. Posez les questions et imaginez des réponses. Imaginez ensuite d'autres questions.

Si je suis stressé, je vais faire du sport / je vais jouer avec mes copains…

a. Qu'est-ce que tu fais si tu es stressé(e) ?
b. Qu'est-ce que tu fais si tu es fatigué(e) ?
c. Qu'est-ce que tu fais si tu as soif ?
d. Qu'est-ce que tu fais si tu as faim ?

Imagine un projet humanitaire ! **7**

Ouvre ton cahier d'activités p. 59.

a. Choisis un pays et imagine un nom pour ton projet.
b. Décris ton expérience, illustre-la.
J'ai participé à… pour aider…

c. Lis ton projet à la classe.

 Tu peux trouver des idées de projet sur Internet.

Test :
Es-tu un bon secouriste ?

1 Avec la classe, faites une liste de gestes pour porter secours.

Test

Es-tu un bon secouriste ?

1 **Émilie a eu un accident.
Elle est sur la route, elle ne bouge pas.**

A. Tu demandes de l'aide à quelqu'un dans la rue, tu arrêtes les voitures et tu téléphones aux secours.

B. Tu lui enlèves son casque et tu la déplaces sur le trottoir.

C. Tu bouges ses bras et ses jambes pour voir si elle ne s'est rien cassé.

2 **Akiko s'est coupé le doigt à la cantine. La coupure saigne beaucoup.**

A. Tu passes son doigt sous l'eau et tu appelles quelqu'un.

B. Tu as peur du sang, tu ne touches à rien et tu cries !

C. Tu mets un mouchoir propre autour de son doigt et s'il continue à saigner, tu appelles l'infirmerie.

3 **Jeanne s'est brûlé la main avec de l'eau très chaude. Sa peau est très rouge.**

A. Tu passes sa main sous l'eau froide et tu appelles l'infirmerie du collège.

B. Tu mets de la crème contre les brûlures sur sa main sans demander à personne.

C. Tu appelles l'infirmerie du collège mais ne mets rien sur sa main.

4 **Étienne est tombé de son skate devant le collège, il a très mal à la jambe.**

A. Il n'y a personne à côté de vous, tu vas avec lui à pied chez le médecin.

B. Tu ne fais rien, tu ne dois pas toucher sa jambe ! Tu appelles les pompiers.

C. Tu veux faire quelque chose parce qu'il a mal : tu lui donnes un médicament que tu as dans ton sac.

TEST

COMPRÉHENSION

2 Lis le document et retrouve les problèmes qu'ont eus Akiko, Étienne, Jeanne et Émilie.

a. Akiko s'est coupé le doigt…

b. Étienne est tombé de son skate…

c. Jeanne s'est brûlé la main…

d. Émilie a eu un accident…

1. avec de l'eau très chaude.
2. pendant le repas à la cantine.
3. sur la route.
4. devant le collège.

3 Retrouve dans le test les attitudes correspondant aux images suivantes.

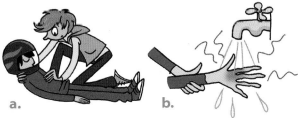

a.

b.

c.

d.

4 Par deux, répondez aux questions du test, puis écoutez pour vérifier vos réponses. Êtes-vous de bons secouristes ?

LEXIQUE

5 Relis le document et trouve les noms correspondant aux verbes suivants.

a. se brûler → une …

b. se couper → une …

c. saigner → le …

6 Classe dans le tableau.

le médecin – l'eau froide – l'infirmerie – le médicament – les pompiers – la crème

les secours	les solutions

GRAMMAIRE

7 Trouve dans le document le contraire des phrases suivantes.

a. Elle s'est cassé quelque chose. → …

b. Il y a quelqu'un à côté de vous. → …

> ### Les pronoms indéfinis *quelqu'un*, *quelque chose*, *personne*, *rien*
>
> **Forme affirmative**
> Tu demandes de l'aide à **quelqu'un**.
> Il s'est cassé **quelque chose**.
>
> **Forme négative**
> Tu **ne** demandes de l'aide à **personne**.
> Il **ne** s'est **rien** cassé.

8 Par deux. Complétez avec *quelque chose*, *quelqu'un*, *ne / n'… rien*, *ne / n'… personne*, puis jouez les scènes.

a.

Tu as besoin de … ?

Non, je … ai besoin de …

Non, … … a appelé.

b. … a appelé les pompiers ?

Passe ton brevet de secouriste !

9

a. Par deux. Choisissez une situation : un accident, une brûlure, une coupure ou une chute.

b. Choisissez votre rôle et préparez-vous pour jouer la scène.

c. Mimez la scène deux fois devant la classe : une fois avec les bons gestes de secours, une fois avec les mauvais gestes.

d. La classe devine quels sont les bons gestes.

Les Français et l'humanitaire

En France, il y a beaucoup d'associations humanitaires. Tous les ans, les Français donnent 3 milliards d'euros à ces associations.

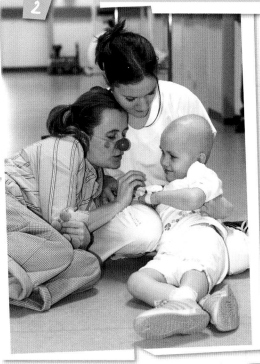

1 **Observe les photos, lis les textes suivants et associe.**

a. En 1954, l'abbé Pierre a créé une association. Cette association collecte des objets ou des vêtements et les vend.

b. Allô, le 115 ? C'est le numéro de la solidarité. Toute la nuit, les camions de l'association roulent dans les villes pour aider les personnes qui dorment dans la rue et leur parler.

c. Des clowns du Nord de la France ont décidé d'aller dans les hôpitaux pour voir les enfants malades. Ils sont rigolos avec leurs nez rouges !

2 **Trouve l'association qui correspond à chaque photo.**

a.
EMMAÜS

b. Les Clowns de l'Espoir

c. samusocialdeParis

3 **Écoute. À quelle association tu leur conseilles de donner ?**

a.

b.

c.

4 **Par deux, présentez une association humanitaire de votre pays.**

CD Classe **2** Ex. 3 → piste 26

Vidéo : Kamini appelle à la solidarité pour le Téléthon

Mon cours de sciences

document A

M

microbe *n. m.*

microbe (de *micro*, petit, et *bios*, vie).

Les microbes sont partout : dans les maisons, sur le corps (humain), les animaux, les objets. Ils ne sont pas visibles parce qu'ils sont très petits. Sur la main, il y a presque dix millions de microbes au cm^2 !

document B

Les microbes donnent des maladies.
Pour se protéger et protéger les autres, on doit respecter des règles. Est-ce que tu les connais ?

		À faire	À ne pas faire
1	Quand je fais mes devoirs, je mets mon stylo dans ma bouche.	☐	☐
2	Je me lave les mains avant d'aller à la cantine.	☐	☐
3	Je change de vêtements après le cours de sport.	☐	☐
4	Je mets ma main ou mon mouchoir devant ma bouche quand je tousse.	☐	☐
5	Je jette les papiers sales et les mouchoirs en papier dans la poubelle.	☐	☐
6	À la maison, je donne à manger à mon chien quand je suis à table.	☐	☐
7	Mon chien dort dans ma chambre.	☐	☐
8	Je prends une douche tous les jours.	☐	☐
9	Je me lave les dents seulement le matin.	☐	☐
10	Le matin, j'ouvre la fenêtre de ma chambre.	☐	☐
11	Je me lave les mains avec de l'eau et du savon pendant au minimum 30 secondes.	☐	☐

1 Lis le document A et cherche d'où vient le mot *microbe*.

a. De deux mots grecs qui signifient « petit » et « vie ».
b. D'un mot arabe qui signifie « invisible ».
c. De deux mots chinois qui signifient « maladie » et « corps ».

2 Est-ce que tu sais te protéger contre les microbes ? Complète le questionnaire du document B, puis compare tes réponses avec celles de la classe.

3 Retrouve les règles du document B qui correspondent aux dessins suivants.

a.   b.   c.

4 Par petits groupes. Choisissez une règle d'hygiène et dessinez-la. Mettez ensuite en commun les dessins pour fabriquer une affiche.

À faire : 2, 3, 4, 5, 8, 10, 11. / À ne pas faire : 1, 6, 7, 9.

GRAMMAIRE

Les pronoms COI

> **La place des pronoms COI**
>
> **Au présent**
> Je *lui* téléphone. / Je *ne lui* téléphone *pas*.
>
> **Au futur proche**
> Je **vais** *lui* téléphoner. / Je *ne* **vais** *pas lui* téléphoner.
>
> **Au passé composé**
> Je *lui* **ai** téléphoné. / Je *ne lui* **ai** *pas* téléphoné.

1 **Transforme les phrases. Remplace les mots soulignés par *lui* ou *leur*.**

Exemple : J'écris souvent des méls <u>à mes copains</u>.
→ Je <u>leur</u> écris souvent des méls.

a. Nous avons demandé <u>à Étienne</u> de venir au cinéma avec nous.
b. Mes parents ont offert un téléphone portable <u>à ma grande sœur</u>.
c. J'ai montré mon nouveau jeu vidéo <u>à mes copains</u>.
d. Antoine a demandé des rollers <u>à ses parents</u> pour son anniversaire.

2 **Écoute les questions et réponds avec *lui* ou *leur*.**

a. Je … envoie les paquets de gâteaux samedi.
b. Oui, il va … demander de l'aide.
c. Ils … offrent des repas.
d. Non, elle ne … a pas parlé du projet.

3 **Choisis le pronom qui convient : *le, la, l', les, lui* ou *leur*.**

> J'ai rencontré Manon, une copine d'Émilie. Je … connais depuis la sixième. Je … aime beaucoup.
> Je … ai parlé de notre projet. Elle veut … faire avec nous. Elle a téléphoné à des copines et elle … a demandé de venir nous aider. Je … ai invitées à venir samedi.

Si + présent

4 **Lis les phrases et associe.**

a. Si tu apprends le français,
b. Si vous avez mal aux yeux,
c. Si tu veux être en bonne santé,
d. Si tu fais un devoir pour la classe,
e. Si un copain a des problèmes,

1. va à la bibliothèque.
2. cherche un correspondant.
3. fais du sport.
4. n'oubliez pas vos lunettes.
5. tu dois l'aider.

5 **Utilise les propositions suivantes à la forme correcte.**

aimer lire – être gourmand – avoir froid – vouloir faire des courses

a. Si …, vous allez adorer ces gâteaux.
b. Si …, on va au supermarché.
c. Si …, rentre dans la maison !
d. Si …, tu dois acheter ce livre.

Les pronoms indéfinis *quelqu'un, quelque chose, personne, rien*

6 **Réponds aux questions avec *ne… rien* ou *ne… personne*.**

a. Tu as besoin de quelque chose ?
→ Non, je …
b. Tu as mangé quelque chose ?
→ Non, je …
c. Elle appelle quelqu'un pour l'aider ?
→ Non, elle …
d. Il va mettre quelque chose sur la brûlure ?
→ Non, il …
e. Il y a quelqu'un à l'infirmerie ?
→ Non, il …

7 **Imagine les questions correspondantes. Utilise *quelqu'un* ou *quelque chose*.**

a. … ? Non, je ne connais personne en France.
b. … ? Il n'a rien oublié.
c. … ? Je n'ai rien à faire dimanche.
d. … ? Non, je n'ai téléphoné à personne.
e. … ? Je n'ai rien compris.

LEXIQUE

L'aide humanitaire

8 **Complète avec les mots de la liste.**

collecte – projet – solidarité – affiches – en difficulté – collectons – aider – nourriture

– Bonjour Émilie, j'ai vu vos … .
  Vous organisez une … avec votre club … ?
– Oui, nous … de la … .
– Et qui voulez-vous … ?
– Les personnes … .
– Bravo, c'est un super … !

Les besoins et les sensations

9 **Associe.**

a. J'ai froid.

b. J'ai soif.

c. Je suis malade.

d. Je suis content.

e. J'ai besoin de dormir.

1.

2.

3.

4.

5.

La santé et les secours

10 **Écoute et associe.**

a. Viens, je vais mettre ta brûlure sous l'eau froide.
b. Le médecin va te donner un médicament.
c. Je vais mettre un mouchoir propre sur ta coupure.
d. Ne fais rien, je vais téléphoner aux secours.

COMMUNICATION

Exprimer ses besoins et ses sensations

11 **Par deux. Dis comment tu te sens. Ton / Ta camarade te demande pourquoi.**

J'ai soif.

Pourquoi ?

Parce que je n'ai rien bu aujourd'hui.

Présenter un projet

12 **Par deux. Ton / Ta camarade te pose des questions sur le projet, tu réponds.**

— Collecter de l'argent pour l'association « Dix de cœur ».

— Cette association aide les enfants malades.

— Pour gagner de l'argent :
  Faire des gâteaux et des plats et les vendre le jour de la fête du collège en juin.

— Fabriquer des affiches pour inviter les parents.

PHONÉTIQUE

Le son [ɥ] « ui »

13 **Souligne dans les phrases le son [ɥ] (« ui »), puis prononce-les.**

a. Émilie est née le dix-huit juillet.
b. Tu fais la cuisine aujourd'hui ?
c. Il lui a écrit le huit juillet. Et elle ne lui a pas répondu.
d. N'oublie pas d'acheter du jus de fruits !

14 **Écoute pour vérifier.**

apprendre ◀ à ▶ **apprendre**

Comment participer à un projet de groupe ?

1. Ensemble, mettez-vous d'accord sur le projet à réaliser.
2. Écoutez les idées de chaque membre du groupe et sélectionnez les meilleures.
3. Répartissez-vous les tâches : trouver des photos, écrire, dessiner, etc.
4. Pour présenter votre projet à la classe, répartissez-vous la parole !

1 Compréhension de l'oral

T'exprimer en évitant les répétitions

(.../5)

Écoute : vrai ou faux ?

a. Émilie a téléphoné aux parents de Wassim.   vrai / faux
b. Wassim n'a pas demandé de l'aide pour le projet.   vrai / faux
c. Wassim n'a pas téléphoné aux professeurs.   vrai / faux
d. Les parents de Wassim sont très contents du projet.   vrai / faux
e. Les parents de Wassim vont les aider dans leur projet.   vrai / faux

2 Production orale

Exprimer tes besoins et tes sensations

(.../5)

Choisis une des deux situations et exprime tes sensations.

a.

b.

> **Ensemble, on va plus loin !**
> Cette année, le collège Émile-Zola a participé à la 15ᵉ « course contre la faim ». Dans le monde, 823 écoles ont aussi participé à cette course.
> En avril, les responsables d'« Action contre la faim » sont venus présenter le projet.
> Les élèves ont cherché des parrains et ils ont fait des compétitions toutes les semaines. Le jour de la course, le 13 mai, le professeur de sport a donné le top départ.
> Ce projet a motivé tout le monde : les élèves, les professeurs et les parents. Merci au collège : il a donné 1330 euros à l'association !

3 Compréhension écrite

Présenter un projet

(.../5)

Lis l'article du journal du collège Émile-Zola : vrai ou faux ?

a. La course contre la faim a lieu en mai.   vrai / faux
b. Personne n'a aidé les élèves.   vrai / faux
c. Le collège a collecté 1 300 euros.   vrai / faux
d. Les professeurs ont cherché des parrains.   vrai / faux
e. On a présenté le projet aux élèves en avril. vrai / faux

4 Production écrite

Exprimer la condition

(.../5)

Imagine les réponses d'Émilie, comme dans l'exemple.

Exemple : *J'ai envie d'aider les personnes en difficulté. Comment faire ?*
→ *Si tu as envie d'aider les gens pauvres, va voir une association humanitaire.*

a. Qu'est-ce que je dois faire si je me brûle ?
b. Je veux aider l'association Emmaüs. Qu'est-ce que je dois faire ?
c. Je voudrais participer à la course contre la maladie. Comment je fais ?
d. Qu'est-ce que je dois faire si quelqu'un a un accident devant moi ?
e. Je veux donner des objets. À quelle association ?

 Ton dico

la solidarité	en difficulté	le médecin	le clown	tousser	avoir besoin de
la collecte	le parrain	le médicament	la brûlure / se brûler	avoir soif	avoir envie de
l'association humanitaire	les secours	la maladie	la coupure / se couper	avoir faim	être fatigué(e)
	les pompiers	le microbe	la chute / tomber	avoir froid	être malade
	l'infirmerie	l'hôpital	le sang / saigner	avoir mal	être content(e)

WaSSim

CONTRAT D'APPRENTISSAGE

Dans ce module, tu vas apprendre à ...
– parler des qualités pour exercer un métier
– exprimer une nécessité
– exprimer une possibilité
– poser des questions formelles

Pour ...
– faire l'interview d'un professionnel
– réaliser une fiche métier
– jouer au jeu des métiers

RÉALISATEUR _____ WASSIM

CAMÉRA _____ A

DATE _____ 11/02

> Moi, c'est Wassim. Pouvez–vous deviner mon métier préféré ? Médecin ? Pompier ? Écrivain ? Journaliste ? Clown ? Non… Joueur de foot ? Quel métier vais–je choisir ? Je suis fou de cinéma et j'ai envie de faire des films. Allez, devinez !

1 Observe l'image et trouve le nom du métier préféré de Wassim.

2 Écoute Wassim et trouve les noms des métiers qui sont représentés sur l'image.

3 Et toi, quel métier préfères-tu dans cette liste ?

4 Est-ce que tu sais où trouver des informations sur les métiers ?

CD Classe **2** Ex. 2 → piste 32

LEÇON 1
Moi et les autres

Pouvez-vous nous parler de votre métier ?

1 **As-tu déjà interviewé quelqu'un ?**

DIALOGUE ▶

WASSIM.	– Bonjour, monsieur Basson. Nous devons faire une interview pour le collège. Voici Manon et Hugo. Pouvons-nous vous poser des questions ?
M. BASSON.	– Pas de problème. Je peux faire une pause.
WASSIM.	– Avez-vous toujours été réalisateur ?
M. BASSON.	– Non, j'ai fait beaucoup d'autres métiers avant.
HUGO.	– Quels métiers avez-vous faits ?
M. BASSON.	– J'ai été vendeur dans un magasin de musique. Ensuite j'ai étudié la musique et je suis devenu guitariste. Et puis j'ai eu envie de faire le tour du monde.
HUGO.	– Et où êtes-vous allé ?
M. BASSON.	– En Amérique du Sud, et j'ai rencontré des gens passionnants : des musiciens, des peintres…
MANON.	– Et… Comment êtes-vous devenu réalisateur ?
M. BASSON.	– Un jour, on m'a proposé de faire une musique pour un film. J'ai dit « oui ». Je suis curieux ! Et puis, j'ai décidé de passer derrière la caméra.
MANON.	– Que préférez-vous aujourd'hui ? La musique, les voyages ou le cinéma ?
M. BASSON.	– Le cinéma… parce qu'avec le cinéma, on peut aussi faire de la musique et voyager !

COMPRÉHENSION

2 **Écoute le dialogue : vrai ou faux ?**

a. Le premier métier de M. Basson a été guitariste.   vrai / faux

b. M. Basson a été peintre.   vrai / faux

c. M. Basson a fait une musique de film.   vrai / faux

d. M. Basson a étudié le cinéma.   vrai / faux

3 **À ton avis, que veut dire « passer derrière la caméra » ? Qui est devant la caméra ?**

4 **Par deux, faites la liste de tous les métiers que M. Basson a faits.**

GRAMMAIRE

5 Lis le dialogue et retrouve les phrases avec le verbe *pouvoir* correspondant aux dessins.

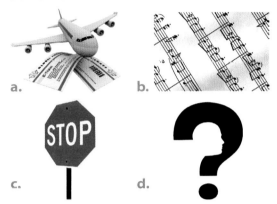

a.　　　b.

c.　　　d.

Le verbe *pouvoir* 🔘

Je p**eu**x
Tu p**eu**x
Il/Elle/On p**eu**t
Nous p**ouv**ons
Vous p**ouv**ez
Ils/Elles p**euv**ent

Le verbe *pouvoir* est toujours suivi d'un infinitif.

Vous pouvez **poser** vos questions.

6 Par deux, complétez avec le verbe *pouvoir* et jouez le dialogue.

– Est-ce que vous ... répondre à nos questions ?
– Non, je ne ... pas. Je dois partir.
– Nous ... revenir plus tard ?
– Si vous voulez, mais d'autres personnes de mon équipe ... vous répondre.
– D'accord.

Pour poser une question formelle 🔘

Pour poser une question formelle, on inverse le sujet et le verbe :

Au présent :

	Question informelle ou standard :
Aimez-vous votre métier ?	→ Est-ce que vous aimez votre métier ?
Que préférez-vous aujourd'hui ?	→ Qu'est-ce que vous préférez aujourd'hui ?

Au passé composé :

Comment êtes-vous devenu réalisateur ?	→ Comment est-ce que vous êtes devenu réalisateur ?
Quels métiers avez-vous faits ?	→ Quels métiers est-ce que vous avez faits ?

8 Par deux, imaginez les questions formelles correspondant aux réponses de Luce Renaud. Jouez ensuite l'interview.

Madame Luce Renaud, avez-vous... ?

J'ai trois enfants.

Je suis actrice.

J'ai d'abord été vendeuse dans un magasin de vêtements.

Oui, aux États-Unis.

J'aime jouer dans les films, mais je déteste les interviews !

COMMUNICATION

7 Retrouve dans le dialogue les questions équivalentes.

a. Est-ce que vous avez toujours été réalisateur ?
b. Quels métiers est-ce que vous avez faits ?
c. Où est-ce que vous êtes allé ?
d. Qu'est-ce que vous préférez aujourd'hui ?

Fais l'interview d'un professionnel ! **9**

a. Par deux, choisissez un métier.
b. Préparez des questions et des réponses pour une interview.
c. Jouez la scène : la classe doit deviner le métier.

Plus tard, je voudrais…

1 As-tu des idées sur le(s) métier(s)
que tu voudrais faire plus tard ?

Pour faire ces métiers, il faut…

1. avoir de l'imagination et être très créatif.

2. être organisé et vouloir tout diriger, du début à la fin.

3. aimer les compétitions… et aimer jouer dans une équipe.

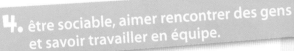

4. être sociable, aimer rencontrer des gens et savoir travailler en équipe.

5. être très résistant et rapide.

6. être patient et savoir écouter les gens.

7. être cultivé et curieux, voir des films, lire des journaux et des livres.

8. aimer être toujours dehors.

9. avoir des compétences techniques et artistiques.

10. Et il ne faut pas être stressé.

COMPRÉHENSION

2 Regarde les photos : quels métiers Wassim voudrait-il faire plus tard ?

3 Lis le texte et trouve les qualités correspondant à chaque métier.

a.

Métier n° 1 : …

PALME D'OR
FESTIVAL DE CANNES

b.

Métier n° 2 : …

GRAMMAIRE

4 Relis les textes et cherche un exemple pour chacune des phrases suivantes.

Pour faire ce métier, …
a. il faut être …
b. il faut avoir …
c. il faut aimer …
d. il faut savoir …

> ### Il faut + infinitif
>
> Il faut **être** créatif.
> Il faut **avoir** de l'imagination.
> Il faut **aimer** travailler en équipe.
> Il faut **savoir** écouter les gens.
>
> ⚠ *Il faut* est une construction impersonnelle.
> *Il* ne désigne pas une personne.

5 À ton avis, que faut-il pour être acteur de cinéma ? Choisis dans la liste et fais des phrases.

> timide
> compétences artistiques
> créatif
> curieux
> sportif
> voir beaucoup de films
> raconter des histoires

COMMUNICATION

6 Écoute Wassim. D'après lui, quelles sont ses qualités et ses défauts pour faire les métiers de ses rêves ?

> ### Pour parler des qualités pour exercer un métier
>
> avoir de l'imagination
> être créatif (créative), organisé(e), sociable, résistant(e), rapide, patient(e), cultivé(e), curieux (curieuse)
> travailler en équipe
> savoir écouter les gens
> avoir des compétences techniques et artistiques

7 Par deux. Choisis un métier et fais-le deviner à ton / ta camarade. Changez ensuite les rôles.

Devine quel métier je voudrais faire plus tard : il faut être patient…

a. b.

c. d.
EN DIRECT DE MARSEILLE

Réalise une fiche métier !

8 Ouvre ton cahier d'activités p. 60.

a. Note le métier de tes rêves.
b. Écris un texte pour présenter les qualités nécessaires pour faire ce métier.
c. Présente à la classe le métier de tes rêves.

💻 Tu peux trouver des informations sur le métier de tes rêves sur Internet.

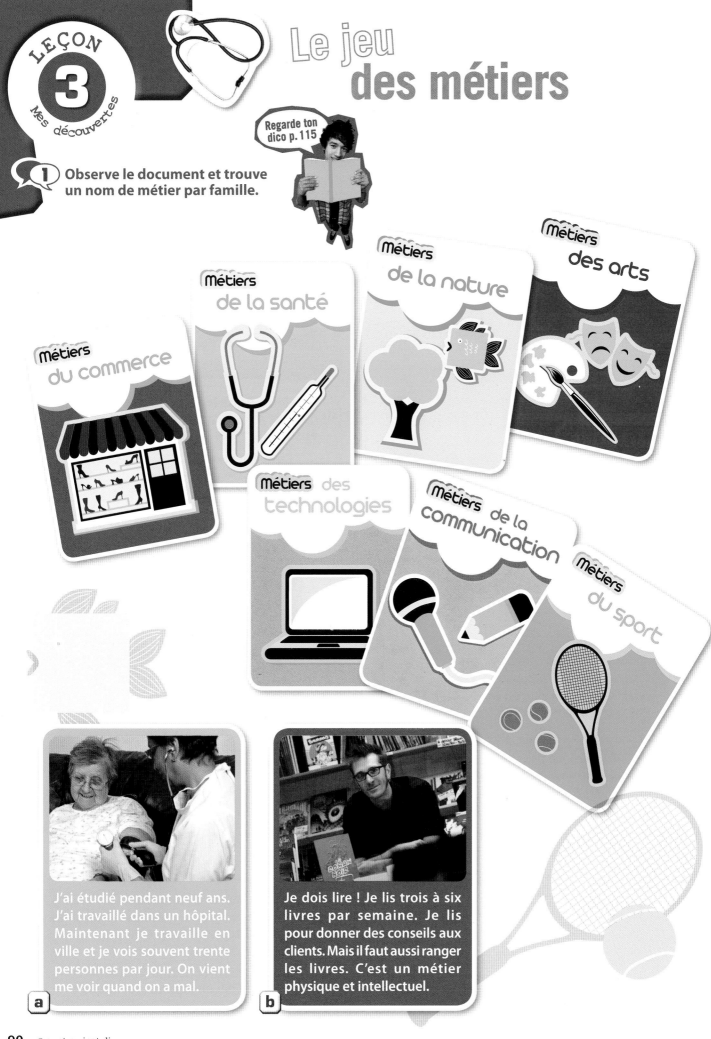

LEÇON 3
Mes découvertes

Le jeu des métiers

Regarde ton dico p. 115

1 Observe le document et trouve un nom de métier par famille.

Métiers **du commerce**

Métiers **de la santé**

Métiers **de la nature**

Métiers **des arts**

Métiers **des technologies**

Métiers **de la communication**

Métiers **du sport**

a J'ai étudié pendant neuf ans. J'ai travaillé dans un hôpital. Maintenant je travaille en ville et je vois souvent trente personnes par jour. On vient me voir quand on a mal.

b Je dois lire ! Je lis trois à six livres par semaine. Je lis pour donner des conseils aux clients. Mais il faut aussi ranger les livres. C'est un métier physique et intellectuel.

COMPRÉHENSION

2 Regarde les deux cartes en bas à gauche qui sont retournées : trouve quels sont les métiers présentés et à quelle famille ils appartiennent.

La carte A représente…

3 Écoute et trouve quel est leur métier et où chacun travaille.

Son métier ?	Il / Elle travaille dans…	
infirmier	un hôpital	une école
boulanger	un bureau	un jardin
jardinier	un magasin	un chantier
ingénieur		

LEXIQUE

4 Écoute et chante.

Je voudrais être musicien, musicienne ; informaticien, informaticienne ; boulanger, boulangère ; infirmier, infirmière, chanteur, chanteuse ; vendeur, vendeuse ; nageur, nageuse ; footballeur, footballeuse ; animateur, animatrice ; réalisateur, réalisatrice ; acteur, actrice. Et pourquoi pas : ingénieur, médecin, journaliste, écrivain, styliste, photographe, libraire ou pompier ?

5 Par petits groupes, écrivez sur trois étiquettes le nom de trois métiers représentant des « familles » différentes. Mélangez tous les papiers de la classe. Tire un papier et mime le métier : la classe doit deviner le métier et la famille.

6 Phonétique. Écoute et indique quand tu entends exactement le même son ([ø] **ou** [œ]).

a. V<u>eu</u>x-tu devenir chant<u>eu</u>r ?
b. Elle p<u>eu</u>t devenir chant<u>eu</u>se.
c. Ils v<u>eu</u>lent rencontrer les profess<u>eu</u>rs.
d. Le vend<u>eu</u>r vient à d<u>eu</u>x h<u>eu</u>res.

Joue au jeu des métiers !

7

a. Par deux, choisissez deux métiers.
b. Créez vos deux cartes métiers : écrivez un petit texte pour décrire ce métier (lieu, activité, famille…).
c. Mélangez vos cartes avec celles des autres groupes et jouez : un élève tire une carte et lit la définition.
d. Trouvez le maximum de noms de métiers pour gagner !

Le cinéma français

1 Regarde les affiches : quel film voudrais-tu voir ?

2 Regarde encore les affiches et trouve le résumé qui correspond à chacune.

a. Ce film parle d'amour et de courage. C'est l'histoire d'un peuple d'animaux qui vit dans l'Antarctique.

b. De Paris à New York, le film présente la vie passionnée et incroyable d'Édith Piaf, l'une des artistes françaises les plus célèbres.

c. Nous sommes en 50 avant Jésus-Christ. Nos célèbres Gaulois vont aider le beau Alafolix et participer aux Jeux olympiques.

d. Le film montre la vie d'une classe de quatrième et de son jeune professeur de français, François Marin.

3 Écoute et retrouve de quel film on parle.

4 Regarde ces acteurs : est-ce qu'ils sont connus dans ton pays ?
Un(e) seul(e) ne joue pas dans les films des affiches : trouve-le / la.

Gérard Depardieu

Sophie Marceau

Alain Delon

Marion Cotillard

5 Choisis un film de ton pays et présente-le à la classe.

CD Classe **2** Ex. 3 → piste 43 Vidéo : Le métier de boulanger

Mon **cours** d'**arts plastiques**

document A

Une illusion d'optique

En 1868, un Anglais a inventé le folioscope. C'est un petit livre avec un dessin sur chaque page. Quand on tourne les pages très vite, on a l'impression de voir les dessins bouger. Mais les images ne bougent pas ! C'est une illusion d'optique. Pour avoir cette illusion, il faut 24 images par seconde. Plus tard, avec cette technique, on a inventé le cinéma (en 1895) et le dessin animé (en 1908).

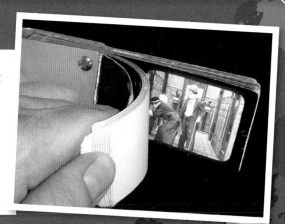

document B

Pour faire un dessin animé

1

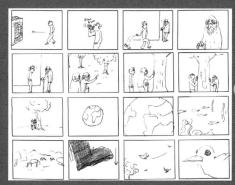

2

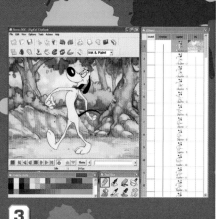

3

1 **Regarde le document A : vrai ou faux ?**

a. C'est un Français qui a inventé le folioscope.　　vrai / faux

b. Il faut 42 images par seconde pour avoir l'impression que les images bougent.　　vrai / faux

c. On a inventé le cinéma en 1908.　　vrai / faux

2 **Regarde le document B et associe chaque photo à l'une des phrases suivantes.**

Pour faire un dessin animé :

a. il faut découper l'histoire en quinze ou vingt séquences et dessiner chaque image ;

b. il faut inventer une histoire simple, des personnages (physique et caractère) et des décors ;

c. il faut enregistrer les dialogues, la musique et les bruits, et les mettre avec les images dans un ordinateur.

3 **Écoute Wassim : de quoi parle le dessin animé qu'il a réalisé avec sa classe ?**

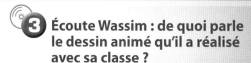

Le dessin animé de Wassim et sa classe ...

4 **À vous, maintenant ! Préparez un dessin animé.**

Si vous n'avez pas d'ordinateur, vous pouvez faire des dessins ou mettre des photos et écrire les dialogues dans des bulles ou sous les images.

Le verbe *pouvoir*

1 Complète les phrases avec le verbe *pouvoir*.

a. Il ne … pas me répondre. Il téléphone.
b. Est-ce que les femmes … être pompiers ?
c. Si tu voyages, tu … rencontrer des gens passionnants.
d. Est-ce que vous … venir avec nous pour l'interview ?
e. Si j'étudie les arts, je … devenir peintre.
f. Maintenant, nous … écrire un article sur le métier de réalisateur.

2 Complète les phrases avec les verbes *pouvoir*, *devoir* ou *vouloir*.

a. – Si vous …, vous … venir avec nous.
   – Je ne … pas, je … aller à mon cours de musique.
b. – Tu … être médecin ?
   – Non, je … être footballeur.
   – Tu ne … pas être footballeur, tu détestes le sport !
c. – Si vous … être professeur de français, vous … aimer les langues.

Les questions formelles

3 Remets les phrases dans l'ordre.

a. la cuisine – Aimez – -vous – faire – ?
b. vas – lui – questions – -tu – Quelles – poser – ?
c. fait – avez – -vous – hier – Qu' – ?
d. temps – pouvez – Combien de – rester – -vous – ?
e. Comment – ce réalisateur – -tu – rencontré – as – ?

4 Transforme les questions suivantes en questions formelles.

a. Vous vous appelez comment ?
b. Où est-ce que vous travaillez ?
c. Quel métier est-ce que vous voulez faire ?
d. Pourquoi est-ce que tu veux le rencontrer ?
e. Est-ce que vous avez pris votre appareil photo ?

Il faut + infinitif

5 Transforme les phrases en suivant le modèle.

Exemple : *Si vous avez faim, mangez !*
→ *Si vous avez faim, il faut manger.*

a. Si vous êtes stressé, dormez !
b. Si vous voulez être en forme, faites du sport !
c. Si tu veux voyager, apprends deux ou trois langues étrangères !
d. Si vous voulez être en bonne santé, mangez des fruits et des légumes !
e. Si tu as soif, bois de l'eau.

Les métiers

6 Où travaillent-ils / elles ? Quels métiers font-ils / elles ?

Exemple :

`elle`

→ *Elle travaille dans une école. Elle est professeur.*

a.

`elle`

b.

`il`

c.

`il`

d.

`il`

Les qualités

7 **Par deux. Trouvez des métiers où il faut...**

a. aimer le travail en équipe, être sportif (sportive), aimer les compétitions.

b. être patient(e) et résistant(e), aimer la nature et travailler dehors.

c. avoir de l'imagination, être créatif (créative) et aimer dessiner.

d. être calme mais dynamique, aimer travailler avec des enfants ou des adolescents.

e. avoir des compétences techniques et aimer les ordinateurs.

f. être sociable, aimer parler avec les gens.

g. avoir envie d'aider les personnes malades et savoir les écouter.

COMMUNICATION

Poser une question formelle

8 **Par deux. Choisissez un personnage et préparez par écrit trois ou quatre questions formelles à lui poser.**

a.

b.

c.

Parler des qualités pour exercer un métier

9 **Par deux. Choisis un métier et dis à ton / ta camarade quelles compétences il faut pour l'exercer. Il / Elle doit deviner le métier.**

a.

b.

c.

d.

PHONÉTIQUE

Les sons [ø] et [œ] (« eu »)

10 **Dans quel ordre entends-tu les sons [ø] et [œ] ?**

	[ø]	[œ]
a.		
b.		
c.		
d.		
e.		

apprendre | à | **apprendre**

Comment faire pour bien comprendre une séquence vidéo ?

1. Regarde une première fois sans le son. Les images sont très importantes pour comprendre la situation !

2. Pour comprendre plus en détail, découpe la séquence en plusieurs parties et regarde-les plusieurs fois.

3. N'oublie pas de regarder les expressions des personnages, ça aide à comprendre ce qu'ils disent.

4. S'il y a des sous-titres en français, lis-les pour vérifier ta compréhension.

1 Compréhension de l'oral

Parler des qualités pour exercer un métier

(.../5)

Écoute Étienne parler du métier de son père : vrai ou faux ?

a. Le père d'Étienne a des compétences techniques. — vrai / faux
b. Le père d'Étienne aime travailler en équipe. — vrai / faux
c. Le père d'Étienne n'a pas de compétences artistiques. — vrai / faux
d. Le copain de son père est rapide et dynamique. — vrai / faux
e. Le père d'Étienne n'est pas patient. — vrai / faux

2 Production orale

Exprimer une nécessité

(.../5)

Regarde les dessins et trouve cinq moyens pour bien parler français. Présente ton point de vue devant la classe.

Pour bien parler français, il faut…

3 Compréhension écrite

Exprimer la possibilité

(.../5)

Lis le document et retrouve cinq possibilités de s'informer sur les métiers.

→ *Pour m'informer sur les métiers, je peux…*

Comment s'informer sur les métiers ?

Au collège, on peut parler avec sa famille et ses copains, mais on peut aussi commencer à chercher des informations. En France, les élèves peuvent suivre une option « Découverte professionnelle ». Ils peuvent étudier et découvrir le monde du travail et les nouveaux métiers.

Et toi, si tu veux t'informer, que peux-tu faire ?

- Tu peux **regarder près de chez toi,** dans ta ville ou ton quartier, et poser des questions : « Je suis curieux. Pouvez-vous me parler de votre métier ? »
- Tu peux **faire une enquête** avec des copains.
- Tu peux te **poser des questions** : « Qu'est-ce que j'aime / Qu'est-ce que je déteste en dehors des cours ? Quel est mon caractère ? »
- Tu peux aussi **lire le** *Dico des métiers* et découvrir 600 métiers.

4 Production écrite

Poser des questions formelles

(.../5)

Prépare cinq autres questions par écrit pour le sondage.

Nous préparons un sondage sur les élèves de collège et le cinéma.
Pouvez-vous répondre à nos questions ?
– *Combien de films avez-vous vus cette année ?*
– …

CINÉMA

Ton dico

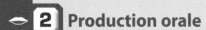

		rapide	la santé	un jardinier	le courage
un réalisateur	l'imagination	patient(e)	un infirmier	un photographe	se marier
un métier	créatif(ve)	cultivé(e)	un footballeur	un bureau	les défauts
un guitariste	organiser	les compétences	un nageur	un studio	le festival de Cannes
une caméra	diriger	les qualités	un libraire	un chantier	la palme d'or
curieux(se)	sociable	technique	un boulanger		illusion
pouvoir	résistant(e)	artistique	un ingénieur		un dessin animé
					avoir l'impression

Jeanne

CONTRAT D'APPRENTISSAGE

Dans ce module, tu vas apprendre à...
- donner des précisions sur un lieu
- comparer deux éléments
- parler du temps qu'il fait
- parler de l'avenir

Pour...
- présenter la météo
- imaginer ta vie en 2030
- imaginer les habitants
  d'une autre planète

$X + 3 = 5$
$E = mc^2$
$x(x-1) = x^2 - 1$
$-8 = 2 \cdot x$
$9 - y$
$x^2 + y = ?$

> Pourquoi est-ce qu'il y a des orages ?
> Pourquoi est-ce que la Terre tourne ?
> Est-ce qu'il y a de la vie sur une autre
> planète ? Vous vous posez toutes
> ces questions ? Moi, oui ! Et j'ai envie
> de trouver les réponses.
> Les découvertes, c'est ma passion !
> Je suis Jeanne, la future scientifique !

1 **Regarde les images et retrouve :**

a. une planète ;
b. un symbole
   météo ;
c. un microbe.

Regarde ton
dico p. 116

2 **Écoute Jeanne. Quel type
de questions est-ce qu'elle se pose ?**

a. Des questions culturelles.
b. Des questions scientifiques.
c. Des questions sur ce qu'elle va faire
   plus tard.

3 **Et toi, tu te poses des questions ?
Lesquelles ?**

LEÇON 1
Moi et les autres

Pourquoi est-ce qu'il y a des saisons ?

1 Dans ton pays, est-ce qu'il y a des saisons ?

DIALOGUE

AKIKO.	– Oh ! là, là ! Quelle pluie !
ANTOINE.	– Chut, Akiko ! Ça commence !
JOURNALISTE.	– Bonjour, vous écoutez notre émission *Science Ado*. Aujourd'hui, une question de Jeanne.
JEANNE.	– Bonjour, je voudrais savoir pourquoi il y a des saisons.
JOURNALISTE.	– La Terre tourne autour du Soleil sur un axe incliné. Quand le pôle Nord est plus près du Soleil, c'est l'été dans l'hémisphère nord, en France, par exemple. Donc il fait chaud et souvent beau.
JEANNE.	– Et l'hémisphère sud est en hiver ? Donc il fait froid parce que ces pays ne sont pas en face du Soleil ?
JOURNALISTE.	– Tu as très bien compris !
JEANNE.	– Et pourquoi est-ce qu'il y a des pays où il fait toujours chaud, où il ne neige jamais ?
JOURNALISTE.	– Ces pays sont près de l'équateur, ils sont toujours en face du Soleil. Ce sont des pays où il n'y a pas de printemps et pas d'automne. Merci Jeanne, maintenant, une question de…
AKIKO.	– Bravo Jeanne ! Tu es une vraie scientifique !
ANTOINE.	– Oui ! Et moi, j'ai une question, madame la scientifique : aujourd'hui, il fait douze degrés et il pleut… C'est normal, ce temps, au mois de juin ?

COMPRÉHENSION

2 Écoute : vrai ou faux ?

a. Jeanne participe à une émission de radio.   vrai / faux

b. La question de Jeanne est : « Pourquoi il pleut aujourd'hui ? ».   vrai / faux

c. Les pays près de l'équateur sont toujours en face du Soleil.   vrai / faux

3 Écoute encore. Pourquoi est-ce qu'il y a des saisons ?

4 Lis le dialogue et retrouve le nom des saisons correspondant aux photos.

a.   b.   c.   d.

COMMUNICATION

5 Observe les dessins suivants. Quel temps fait-il ? (Aide-toi du tableau ci-dessous.)

a. Il neige.

a.

b.

c.

d. 12°

e.

f.

Pour parler du temps qu'il fait

Il fait beau.	Il fait douze degrés.
Il pleut.	Il fait chaud.
Il neige.	Il fait froid.

6 Et chez toi, quel temps fait-il aujourd'hui ?

Aujourd'hui, il pleut, il fait douze degrés.

GRAMMAIRE

7 Lis le dialogue. Quelle est la particularité des pays situés près de l'équateur ?

Les pays près de l'équateur sont des pays…

Le pronom relatif *où*

On utilise le pronom relatif *où* pour préciser un complément de lieu.

Il y a des pays **où** il fait toujours chaud, **où** il ne neige jamais.
Ce sont des pays **où** il n'y a pas de printemps et pas d'automne.

8 Joue avec la classe. Trouve le plus rapidement possible sur une carte du monde :

a. une partie du monde où il fait toujours froid ;
b. un pays où il pleut beaucoup ;
c. un pays où il n'y a pas quatre saisons ;
d. une partie du monde où il ne pleut jamais.

Présente la météo !

9

Québec 22
Vancouver 20
Paris 25 Varsovie 23 Moscou 17
New York 21
Los Angeles 19
Madrid 28 Rome 29
Miami 27
Pékin 24
Tokyo 23
Dakar 29 Le Caire 35
Bombay 32
Mexico 25
Caracas 26
Nairobi 22
Rio de Janeiro 24
Johannesburg 16
Santiago 15
Buenos Aires 14
Sydney 16

a. Par petits groupes. Regardez la carte météo.
b. Choisissez trois villes et préparez ensemble la présentation de la météo.
c. Présentez votre bulletin météo à la classe, qui doit deviner de quelles villes il s'agit.

Vous pouvez trouver des cartes de la météo mondiale sur www.tv5.org.

LEÇON 2
Ma page perso

Ma vie en 2030

1 Comment t'imagines-tu en 2030 ?

En 2030, je voudrais être…

EN 2030, J'AURAI 32 ANS ET JE SERAI UNE GRANDE SCIENTIFIQUE !

1 Les villes devront inventer de nouveaux moyens de transport, parce que les voitures n'existeront plus ! Par exemple, nous prendrons des taxis volants. Ils marcheront avec l'énergie du soleil et du vent.

2 Dans les journaux, tout le monde parlera de la même chose : « Mars 2030 », l'expédition sur la planète rouge ! Moi, j'irai peut-être !

3 À la maison, il y aura des objets géniaux : dans ma chambre, j'aurai un mur écran où je pourrai regarder la météo, consulter Internet, où je regarderai des films en 4D.

4 Dans la cuisine, le frigo transmettra à mon portable la liste des aliments à acheter et des robots feront les courses et le ménage.

A

B

C

D

E

LA VIE EN 2030 SERA FORMIDABLE !

COMPRÉHENSION

2 Lis le document. Jeanne imagine un futur positif ou négatif ?

3 Retrouve dans le document les phrases correspondant aux illustrations.

4 Vrai ou faux ?

Selon Jeanne, en 2030, il y aura…

a. des films en quatre dimensions.   vrai / faux

b. des frigos qui font les courses.   vrai / faux

c. beaucoup de voitures.   vrai / faux

d. des voyages sur la planète Mars.   vrai / faux

GRAMMAIRE

5 Retrouve dans le document une forme au futur simple des verbes suivants.

Exemple : *parler* → *parlera*.

a. regarder → …   c. transmettre → …
b. exister → …   d. prendre → …

Le futur simple ◎

Verbes en -*er*, comme *parler* : → *parler*- + terminaison	Verbes en -*re*, comme *prendre* : → *prendr*- + terminaison
Je parler**ai**	Je prendr**ai**
Tu parler**as**	Tu prendr**as**
Il/Elle/On parler**a**	Il/Elle/On prendr**a**
Nous parler**ons**	Nous prendr**ons**
Vous parler**ez**	Vous prendr**ez**
Ils/Elles parler**ont**	Ils/Elles prendr**ont**

6 **Phonétique. Écoute et barre les *e* que tu ne prononces pas.**

Exemple : *Je visiterai Mars.*

a. On parlera de la vie sur Mars.
b. Les robots achèteront les aliments.
c. Vous regarderez des films en 4D.
d. Tu voyageras en taxi volant.

7 **Cherche dans le document d'autres verbes au futur simple.**

Les verbes irréguliers au futur simple ◎

Au futur simple, les verbes irréguliers ont les mêmes terminaisons que les verbes réguliers. Voici les principaux :

avoir → j'aurai	faire → je ferai	pouvoir › je pourrai
être → je serai	aller → j'irai	devoir → je devrai

8 **Antoine est pessimiste !**
Écoute et écris les sept formes verbales au futur simple que tu entends.

9 **Et toi, tu es optimiste ou pessimiste pour le futur ? Comptez dans la classe le nombre d'élèves optimistes et pessimistes.**

Moi, je suis optimiste parce qu'il n'y aura plus beaucoup de maladies. Nous vivrons très vieux !

Imagine ta vie en 2030 !

10

a. Trouve deux autres élèves qui ont la même vision du futur que toi (optimiste ou pessimiste).
b. Imaginez ensemble comment seront en 2030 : la maison, la ville, la vie…
c. Illustrez et écrivez un petit texte sur votre vie en 2030.
d. Présentez votre texte à la classe, qui choisit l'avenir le plus intéressant ou le plus réaliste !

LEÇON **3**
Mes découvertes

Mars **2030**

Regarde ton dico p. 117

1 Voudrais-tu visiter une autre planète ? Pourquoi ?

ASTRONOMIE

MARS 2030

L'homme a toujours rêvé d'aller sur Mars. Pourquoi ?

Parce qu'elle ressemble à la Terre ! Ses ressemblances avec notre planète ? Elle a deux lunes, des saisons, des tempêtes... et on a toujours imaginé des habitants sur Mars !

Mais la planète rouge est deux fois moins grande que la planète bleue, et le jour martien est un peu plus long que le jour terrestre : il dure 24 heures et 37 minutes. Mars est plus loin du Soleil que la Terre, donc il lui faut plus de temps pour faire le tour du Soleil : l'année martienne est de 686 jours. Il fait aussi beaucoup plus froid que sur la terre : -63 °C en moyenne. La planète ressemble à un grand désert parce que l'eau n'est pas à la surface, mais dans le sol, sous forme de glace.

Une question des scientifiques : il y a peut-être eu, un jour, un océan sur Mars, mais pourquoi il n'y a plus d'eau ? L'expédition spatiale de 2030 pourra peut-être répondre à cette question...

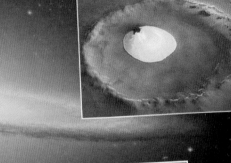

À GAGNER !
des affiches et des DVD
« Notre système solaire »

Le sais-tu ?

GRAND JEU MARS 2030

1. Combien de temps faut-il pour aller sur Mars en navette spatiale ?

2. Pourquoi est-ce qu'on appelle Mars la planète rouge ?

3. Y a-t-il des Martiens sur Mars ?

Envoie tes réponses sur www.scienceado.fr

SCIENCE ADO 18

COMPRÉHENSION

2 **Lis le document : vrai ou faux ?**

a. Sur Mars, un jour dure plus de 24 heures.   vrai / faux

b. L'année martienne est moins longue que l'année terrestre.   vrai / faux

c. Il fait la même température sur Mars que sur la Terre.   vrai / faux

d. Il n'y a pas d'eau à la surface de Mars.   vrai / faux

e. Il n'y a jamais eu d'océan sur Mars.   vrai / faux

3 **Lis les questions de la partie « Le sais-tu ? ». Avec la classe, faites des hypothèses pour y répondre.**

4 **Vérifie les hypothèses : écoute et associe chaque réponse à la question correspondante.**

LEXIQUE

5 **Associe chaque photo à la légende correspondante.**

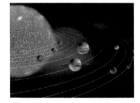
a.

b.

c.

d.

1. le système solaire
2. la Lune
3. une navette spatiale
4. une planète

COMMUNICATION

6 **Relis le document, puis associe.**

a. Mars est plus…
b. Il faut plus de …
c. Il fait moins …

1. temps à Mars pour faire le tour du Soleil.
2. loin du Soleil que la Terre.
3. froid sur la Terre que sur Mars.

Pour comparer deux éléments

plus / moins + **adjectif ou adverbe** … *que*

La planète rouge est	moins **grande** que	la planète bleue.
	plus **loin** du soleil que	

plus de / moins de + **nom** … *que*

La planète rouge a plus de **lunes** que la planète bleue.

7 **Lis les informations suivantes et compare Vénus à Mars.**

Température moyenne : 462 °C.

Durée de son « année » : 224,7 jours.

Durée d'une « journée » sur Vénus : 243 jours (elle tourne très lentement).

Nombre de lunes : 0.

VÉNUS

Imagine les habitants d'une autre planète !

8

Ouvre ton cahier d'activités p. 61.

a. Imagine un habitant d'une autre planète : dessine-le et donne-lui un nom.
b. Écris un texte pour le décrire (son physique, son mode et son lieu de vie).
c. Compare-le à l'être humain.

Il est beaucoup plus petit que l'être humain, mais il est plus fort !

d. Présente-le à la classe. Quel est le plus amusant ? Le plus réaliste ?

LEÇON 4 — Ma page culture

Sciences et Fiction

JULES VERNE
VOYAGES EXTRAORDINAIRES

1865

De la Terre à la Lune de Jules Verne.
C'est un des premiers romans de science-fiction. Il raconte un voyage sur la Lune.

1902

Voyage dans la Lune de Georges Méliès.
C'est une adaptation du roman de Jules Verne. C'est un film muet de 12 minutes.

1954

On a marché sur la Lune, BD de Hergé.
Les célèbres Tintin et Milou voyagent sur la Lune en fusée.

HERGÉ
LES AVENTURES DE TINTIN
ON A MARCHÉ SUR LA LUNE

1979

Premier vol de la fusée Ariane.
Aujourd'hui, la fusée a fait 193 vols et installé 271 satellites.

1 Qu'est-ce que la science-fiction ? Nomme des films ou des livres de science-fiction que tu connais.

2 Observe et lis le document, puis classe les informations dans le tableau.

Science	Fiction
...	De la Terre à la Lune *de Jules Verne* ; ...

3 Écoute et retrouve de quoi on parle.

4 Par groupes. Complétez cette chronologie de la science et de la fiction avec d'autres événements ou œuvres.

Qu'est-ce qu'un orage ?

Quand la température change trop vite, les nuages sont pleins d'électricité statique. Pour la libérer, ils produisent un éclair et un bruit appelé le tonnerre.

L'expérience

🔬 Matériel

⚗️ Manipulation

1 Colle la boule de pâte à modeler au centre de l'assiette. Tiens l'assiette par cette boule. Tes mains ne doivent pas toucher l'aluminium.

2 Il ne doit plus y avoir de lumière dans la pièce.

3 Frotte l'assiette sur le sac en plastique pendant une minute (ne touche pas l'aluminium et le plastique).

4 Lève ensuite l'assiette et, avec ton autre main, approche la cuillère. Ne touche pas l'assiette.

➜ Observe et écoute : tu as recréé un petit éclair et un petit coup de tonnerre !

BANG

📚 Le sais tu ?

On entend toujours le tonnerre quelques secondes après l'éclair. Pourquoi ?

Parce que la lumière voyage plus vite que le son.

---

1 Tu as déjà fait des expériences scientifiques ?

2 Lis le document et retrouve de quoi on parle.

  a. On voit cette lumière quand il y a de l'orage.
  b. On entend ce bruit quand il y a de l'orage.
  c. Elle est à l'origine de l'orage.
  d. Ils sont dans le ciel et donnent parfois de la pluie.

3 Lis la question « Le sais-tu ? » et fais des hypothèses avec tes camarades. Lis ensuite la réponse.

4 Par deux. Réalisez cette expérience.

GRAMMAIRE

Le pronom relatif *où*

1 **Remets les phrases dans l'ordre.**

a. connais / Tu / pays / il / où / toujours / fait / froid ? / un

b. C'est / monde / partie / du / il n'y a / beaucoup / pas / soleil. / de / où / une

c. un / J' / il y a / pays / où / habite / saisons. / dans / quatre

d. La / est / où / pays / un /souvent. / il / France / pleut

2 **Complète librement.**

a. J'adore les pays où …

b. Je voudrais visiter une ville où …

c. La France est un pays où …

d. J'habite dans un pays où …

e. Le pôle Nord et le pôle Sud sont des lieux où …

Le futur simple

3 **Conjugue les verbes au futur simple.**

a. Plus tard, nous … (utiliser) des murs écrans.

b. Tu ne … (prendre) plus le bus, mais le taxi électrique.

c. Vous … (travailler) comme scientifique ?

d. Plus tard, j' … (apprendre) à parler le martien !

e. Les robots … (aider) beaucoup à la maison !

4 **Reconstitue les formes verbales et complète.**

IRNTO
EDRAV
SAER
FONERT
PORONURT

La vie des ados en 2030

Que … les ados en 2030 ? Est-ce que leur vie … très différente d'aujourd'hui ? Est-ce qu'ils … toujours au collège, ou est-ce qu'ils … avoir cours à la maison, sur leurs ordinateurs ? Est-ce qu'on … apprendre de nouvelles langues, celles d'autres planètes ?

▶ Comment imaginez-vous l'ado de 2030 ? Nous préparons un article sur ce thème. Merci de nous envoyer vos réponses ! « Science Ado »

Les comparatifs *plus (de)* et *moins (de)*

5 **Complète le test suivant avec *plus (de)* ou *moins (de)*.**

As-tu l'esprit scientifique ?

1 **La planète Mars :**

a. est … loin du Soleil que la Terre. ●

b. a des habitants … bizarres que dans les films de science-fiction. ▲

c. n'est pas … intéressante qu'une autre. ■

2 **En 2030, la science :**

a. sera encore … facile à comprendre qu'aujourd'hui ! ■

b. rendra la Terre encore … malade. ▲

c. fera comprendre beaucoup … choses. ●

Résultats :

▲ La science, c'est nécessaire, mais ça te fait peur.

● Tu seras peut-être un(e) grand(e) scientifique plus tard !

■ La science, tu détestes ! Il y a des choses beaucoup … intéressantes !

LEXIQUE

La météo et les saisons

6 **Écoute et associe chaque bulletin météo à l'une de ces cartes.**

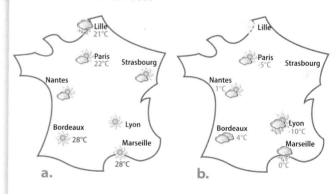

a.

b.

c.

Le système solaire et l'espace

7 Trouve de quoi on parle.

- **a.** C'est un moyen de transport pour aller sur la Lune ou sur une autre planète.
- **b.** Ce sont les habitants de Mars.
- **c.** Il a neuf planètes, qui tournent autour du Soleil.
- **d.** Elle tourne autour de la Terre.
- **e.** Elles tournent autour du Soleil.

COMMUNICATION

Parler du temps qu'il fait

8 Écoute et associe. Complète ensuite avec le temps qu'il fait dans ton pays.

a.

Étienne, Canada

b.

Émilie, Madagascar

c.

Wassim, Algérie

Comparer deux éléments

9 Par deux. Comparez Antoine et Jeanne.

> Jeanne est plus grande qu'Antoine !

Jeanne, 13 ans.
Taille : 1 m 62.
Cheveux : longs et blonds.
Goûts : les sciences (☺☺☺), la natation (☺☺).

Nombre de collections :
1 (n° du magazine *Science Ado*).

Antoine, 12 ans.
Taille : 1 m 60.
Cheveux : courts et blonds.
Goûts : les collections (☺☺☺), les sciences (☺).

Nombre de collections : 7

PHONÉTIQUE

Le *e* caduc

10 Lis les phrases à voix haute sans prononcer le *e* caduc du futur.

- **a.** Plus tard, nous visiterons d'autres planètes.
- **b.** La Terre sera très malade !
- **c.** Jeanne observera les étoiles.
- **d.** Tu feras le tour du monde ?
- **e.** Les voitures n'existeront plus.

11 Écoute pour vérifier.

apprendre ‹ à › apprendre

Comment comprendre une conversation en français ?

Quand tout le monde parle en même temps, c'est difficile de comprendre !

1. Cherche à comprendre le sujet général .
2. Ne cherche pas écouter tout le monde en même temps.
3. Concentre ton attention sur une ou deux personnes.
4. Participe à la conversation, pose des questions !

1 Compréhension de l'oral

Donner des précisions sur un lieu

(.../5)

Écoute et complète.

a. Mars est un lieu où ..., où ... .
b. Mars est dans la campagne ..., loin des grandes ... .
c. Mars est le nom d'un ... dans le sud-est de la France.

MARS

2 Production orale

Comparer deux éléments

(.../5)

Compare le climat de ton pays et le climat de la France.

Dans mon pays, il fait plus chaud en été qu'en France. Il neige moins en hiver...

Voici la météo dans le monde. Il fait chaud à Paris mais avec de l'orage et de la pluie. À Montréal, il fait très beau, c'est aussi l'été. À Buenos Aires, il fait zéro degré et il neige. Il y a beaucoup de nuages à Bruxelles.

3 Compréhension écrite

Parler du temps qu'il fait

(.../5)

Lis le texte et associe.

 1.

 2.

 3.

a. Paris
b. Montréal
c. Buenos Aires
d. Bruxelles

 4.

5. 0°

4 Production écrite

Parler de l'avenir

(.../5)

**Réponds à l'annonce de l'exercice 4 p. 106.
Écris cinq phrases pour présenter la vie des ados en 2030.**

Ton dico

			la saison	Mars	l'expédition	l'énergie
			le printemps	Vénus	le satellite	l'électricité statique
la météo	il fait beau	le tonnerre	l'été	le Soleil		le robot
le temps	il fait chaud / froid	l'éclair	l'automne	la Lune	la science	le futur
le climat	la pluie / il pleut	la tempête	l'hiver	l'étoile	la science-fiction	optimiste
la lumière	la neige / il neige	la température	le système solaire	la fusée	scientifique	pessimiste
le nuage	l'orage	le degré	les planètes	la navette spatiale	l'expérience	

CD Classe ❷ Ex. 1 → piste 62 ; Ton dico → piste 63 → Reporter les résultats de l'évaluation dans le cahier d'activités, p. 52.

Ton dico illustré

anglais(e)
mexicain(e)
français(e)
malgache
allemand(e)
chinois(e)
italien(ne)
américain(e)
espagnol(e)
algérien(ne)
polonais(e)
marocain(e)
canadien(ne)

l'anglais

l'histoire-géographie

la musique

la physique-chimie

la technologie

le français

le sport

les arts plastiques

les mathématiques

les Sciences et Vie de la Terre

stressé / stressée

motivé / motivée

sympathique / sympathique

timide / timide

artiste / artiste

drôle / drôle

sportif / sportive

gourmand / gourmande

bavard / bavarde

gentil / gentille

sérieux / sérieuse

la chambre

la fenêtre

une lampe

un lit

un tapis

la salle de bains

la salle à manger

le salon

des étagères

un canapé

des coussins

l'escalier

une table

la cuisine

une chaise

la terrasse

un fauteuil

l'entrée

un ordinateur

un bureau

les toilettes

le bureau

des pièces de monnaie

un ticket de métro

un autocollant

une bande dessinée

une boîte

un porte-clés

un ticket de musée

un timbre

une montre

la librairie

le grand magasin

le magasin de vêtements

le marché

le vide-greniers

la viande

le poulet

le jambon

les légumes

les pommes de terre

la salade

les petits pois

les haricots verts

les fruits

la tomate

la banane

la fraise

la confiture

les boissons

l'eau

le pain

le fromage

le sucre

le jus de fruits

les pâtes

la farine

les œufs

une tranche

un couteau

une cuillère

une boîte

un paquet

une casserole

une assiette

un morceau

avoir faim

avoir soif

avoir chaud

avoir froid

avoir mal aux pieds

avoir mal à la tête

être malade

être fatigué

être content

avoir un accident

se brûler

se couper

saigner

un médecin

un infirmier

un footballeur

un nageur

une libraire

un boulanger

un ingénieur

une guitariste

un jardinier

un réalisateur

un photographe

l'été

le printemps

l'automne

l'hiver

le soleil

la pluie

la neige

les nuages

l'orage

l'éclair / le tonnerre

Le système solaire

Les étoiles

Pluton

Uranus

Neptune

Jupiter

Saturne

Vénus

La Terre

Mars

Le Soleil

Mercure

Les Actes de parole

Exprimer la fréquence

Elle est **quelquefois** / **parfois** bavarde.
Elle aide **souvent** les autres.
Il porte **toujours** son bonnet rouge.
Il **n'**est **jamais** stressé.

Localiser dans l'espace

	sur	**la** table
	sous	**la** fenêtre
	derrière	**le** fauteuil
	entre	**les** coussins
	dans	**le** salon
	à côté	**de la** table
	au-dessus	**du** fauteuil **des** étagère

Faire des achats

Demander le prix
Combien ça coûte ? / Quel est le prix ?

Dire le prix
Ça coûte 12,35 euros. / Ça fait 17,20 euros.

Acheter quelque chose
Qu'est-ce que j'achète ?
Je l'achète.
C'est cher. / Ce n'est pas cher.

Parler de ses passions

Ma passion, <u>c'est</u> / <u>ce sont</u> la BD /
les pièces de monnaie anciennes.
J'adore / **J'aime** cet autocollant.
Je suis passionné(e) <u>d'</u>objets de collection.
Je suis fou (folle) <u>de</u> Bruxelles / <u>de</u> pièces.
Je me passionne <u>pour</u> d'autres objets.

Exprimer une quantité

Je prends **de la** confiture / **une cuillère de** confiture.
J'achète **des** bonbons / **un paquet de** bonbons.
Ajouter **des** petits pois / **une boîte de** petits pois.
Je mange **du** poulet / **un morceau de** poulet.
Je coupe **du** pain / **une tranche de** pain.

Je ne mange **pas de** viande.
Je mange **un peu de** tout.
Tu ne bois pas **assez d'**eau.
Elle mange **beaucoup de** légumes.
Ne mange pas **trop de** bonbons !

Localiser dans le temps

Indiquer la date
Le jeu est né **en 1990**.

Indiquer la chronologie
Au début (du jeu) / D'abord, les équipes doivent trouver des clés,
ensuite, un mot code, et **à la fin (du jeu)**, ils doivent trouver un trésor.

Indiquer une durée
Pendant le jeu, les équipes doivent répondre à des énigmes.

Échanger sur des expériences passées

Vous avez **déjà** rencontré une star ?
Oui, j'ai **déjà** rencontré une star.
Non, je **n'**ai **jamais** rencontré **de** star.

Exprimer ses besoins et ses sensations

J'**ai faim**.
J'**ai soif**.
J'**ai chaud** / **froid**.
J'**ai mal aux** pieds / **à la** tête.

Les malades **ont besoin de** nous !
J'**ai envie d'**aider les enfants malades.

Émilie **est fatiguée** mais elle **est contente**.
Ils **sont malades**.

Exprimer la condition

Condition	Résultat
Si vous **avez** envie de collecter de l'argent pour le téléthon, …	… **organisez** une course dans votre collège ! … vous **devez** organiser une course dans votre collège !

Les Actes de parole

Parler des qualités pour exercer un métier

Avoir de l'imagination.
Être créatif (créative), organisé(e), sociable, résistant(e), rapide, patient(e), cultivé(e), curieux (curieuse).
Travailler en équipe.
Savoir écouter les gens.
Avoir des compétences techniques et artistiques.

Faire des recommandations / Exprimer une nécessité (*il faut*)

Avec le verbe *devoir*
Tu **dois manger** à des heures régulières.
Nous **devons manger** de tout.

Avec *il faut*
Il **faut être** créatif.
Il **faut avoir** de l'imagination.
Il **faut aimer** travailler en équipe.
Il **faut savoir** écouter les gens.

 Il faut est une construction impersonnelle.
Il ne désigne pas une personne.

Parler du temps qu'il fait

Il fait beau.
Il pleut.
Il neige.
Il y a de l'orage.
Il fait douze degrés.
Il fait chaud / froid.

Donner des précisions sur un lieu

Il y a des pays **où** il fait toujours chaud,
où il ne neige jamais.
Ce sont des pays **où** il n'y a pas de printemps
et pas d'automne.

Comparer deux éléments

La planète rouge…	… **est** moins **grande** que…	… la planète bleue.
	… **est** plus **loin** du soleil que…	
	… **a** plus **de lunes** que…	

Précis grammatical

Les présentatifs

C'est… / Il (Elle) est… Ce sont… / Ils (Elles) sont…

Qu'est-ce que c'est ?	*Il / Elle est comment ?*
C'est une île. Mon endroit préféré, **c'est** la terrasse. **C'est** un bateau.	**Elle est** bleue et tranquille. **Elle est** très grande. **Il est** sur l'eau.
Pluriel	
Ce sont mes livres de poésie.	**Ils sont** sur l'étagère.

Les déterminants

Les articles partitifs

Pour parler des aliments en général	Pour parler d'une quantité non déterminée
J'aime **la** viande. L'eau et **le** jus de fruits sont bons pour la santé. J'adore **les** pâtes.	On a **de la** viande. Je vais prendre **de l'**eau et **du** jus de fruits. Je vais prendre **des** pâtes.

Les adjectifs démonstratifs

Pour désigner des personnes ou des choses, on utilise les adjectifs démonstratifs.

Masculin	Féminin	Pluriel
ce porte-clés (+ *consonne*) **cet** autocollant (+ *voyelle ou un « h »*)	**cette** collection	**ces** porte-clés, **ces** collections **ces** autocollants

Les adjectifs

Les adjectifs de nationalité, d'origine

Masculin	Féminin
Il est québéc**ois**. **Il** est améric**ain**. **Il** est algér**ien** / canad**ien**. **Il** est espagn**ol**.	**Elle** est québéc**oise**. **Elle** est améric**aine**. **Elle** est algér**ienne** / canad**ienne**. **Elle** est espagn**ole**.
Pluriel	
Au pluriel, les adjectifs de nationalité prennent un **s**.	
Ils sont améric**ains** / algér**iens** / espagn**ols**.	**Elles** sont améric**aines** / algér**iennes** /espagn**oles**.
⚠ **Ils** sont québéc**ois**.	⚠ **Elles** sont québéc**oises**.

Les adjectifs de caractère

Il existe différentes catégories d'adjectifs.

Masculin	Féminin
-é : motiv**é**, stress**é** **-e** : sympathiqu**e**, timid**e**, drôl**e** **-x** : sérieu**x** **+ consonne** : bavar**d**, gourman**d** **-if** : sport**if**	→ **-ée** : motiv**ée**, stress**ée** → **-e** : sympathiqu**e**, timid**e**, drôl**e** → **-se** : sérieu**se** → **consonne + e** : bavar**de**, gourman**de** → **-ive** : sport**ive**
⚠ gent**il**	→ gent**ille**

Précis grammatical

Les pronoms

Les pronoms COD

Jeanne connaît **le jeu**. Elle n'a pas **le jeu**. COD masculin COD masculin	→ Jeanne **le** connait. Elle ne **l'**a pas.
Je prends **la BD**. Elle va adorer **la BD**. COD féminin COD féminin	→ Je **la** prends. Elle va **l'**adorer.
J'achète **les stylos**. COD pluriel	→ Je **les** achète.

 Devant une voyelle, on utilise le pronom *l'* au singulier.

Les pronoms COI

Au présent

Tu parles **au professeur principal**. COI masculin Tu parles **à une camarade**. COI féminin	→ Tu **lui** parles.
Je téléphone **aux Restos du Cœur**. COI masculin pluriel Je téléphone **à tes copines**. COI féminin pluriel	→ Je **leur** téléphone.

Au passé composé

Tu as téléphoné **aux Restos du Cœur** ?	→ Tu **leur** as téléphoné ?

Au futur proche

Je vais téléphoner **aux Restos du Cœur**.	→ Tu vas **leur** téléphoner ?

 Les pronoms COI *lui* et *leur* remplacent des compléments qui désignent des personnes.

La place des pronoms COD et COI

Au présent

Je **l'**achète. Je **lui** parle.	Je <u>ne</u> **l'**achète <u>pas</u>. Je <u>ne</u> **lui** parle <u>pas</u>.

Au passé composé

Je **l'**ai acheté. Je **lui** ai parlé.	Je <u>ne</u> **l'**ai <u>pas</u> acheté. Je <u>ne</u> **lui** ai <u>pas</u> parlé.

Au futur proche

Je vais **l'**acheter. Je vais **lui** parler.	Je <u>ne</u> vais <u>pas</u> **l'**acheter. Je <u>ne</u> vais <u>pas</u> **lui** parler.

Les pronoms indéfinis

À la forme affirmative	À la forme négative
Tu demandes de l'aide à **quelqu'un**. Il s'est cassé **quelque chose**.	Tu **ne** demandes de l'aide à **personne**. Il **ne** s'est **rien** cassé.

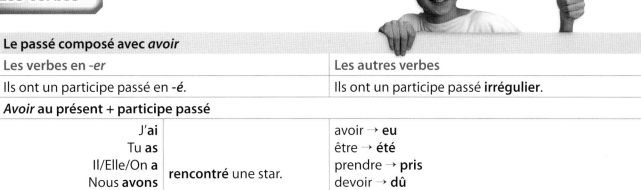

Les verbes

Le passé composé avec *avoir*

Les verbes en *-er*	Les autres verbes
Ils ont un participe passé en *-é*.	Ils ont un participe passé **irrégulier**.

Avoir au présent + participe passé

J'**ai** Tu **as** Il/Elle/On **a** Nous **avons** Vous **avez** Ils/Elles **ont**	**rencontré** une star.	avoir → **eu** être → **été** prendre → **pris** devoir → **dû** voir → **vu** pouvoir → **pu**

 À la forme négative : *Je **n'ai pas** regardé. / Je **n'ai jamais** pris le train fantôme.*

Le passé composé avec *être*

14 verbes

→ naître (né), mourir (mort), aller (allé), partir (parti), venir (venu) (+ devenir, revenir), passer (passé), monter (monté), descendre (descendu), retourner (retourné), entrer (entré), sortir (sorti), arriver (arrivé), rester (resté), tomber (tombé)

Je **suis né(e)** Tu **es né(e)** Il **est né** Elle **est née** On **est né(e)s**	Nous **sommes né(e)s** Vous **êtes né(e)(s)** Ils **sont nés** Elles **sont nées**

Les verbes pronominaux

Je me **suis levé(e)** Tu t'**es levé(e)** Il s'**est levé** Elle s'**est levée** On s'**est levé(e)s**	Nous nous **sommes levé(e)s** Vous vous **êtes levé(e)(s)** Ils se **sont levés** Elles se **sont levées**

 On accorde le participe passé avec le sujet.

Elle est né**e** à Chypre. **Elle** est mort**e**.	**Nous** sommes né**s** le même jour. **Ses chansons** sont devenu**es** célèbres.

Le futur simple

Les verbes réguliers en *-er*		Les verbes en *-re*		Les autres verbes
Exemple : parler → parler- + *terminaison*		*Exemple : prendre* → prendr- + *terminaison*		Ils ont les mêmes terminaisons que les verbes réguliers.

Je		**-ai**	Je		**-ai**	avoir → j'aurai…
Tu		**-as**	Tu		**-as**	être → je serai…
Il/Elle/On	**parler-**	**-a**	Il/Elle/On	**prendr-**	**-a**	faire → je ferai…
Nous		**-ons**	Nous		**-ons**	pouvoir → je pourrai…
Vous		**-ez**	Vous		**-ez**	devoir → je devrai…
Ils/Elles		**-ont**	Ils/Elles		**-ont**	aller → j'irai…

La phrase négative

Pour exprimer une quantité nulle

Au présent

Je **ne** mange **pas de** viande.
Je **ne** bois **jamais de** boissons sucrées.

Au passé composé

Je **n'**ai **pas** mangé **de** viande.
Je **n'**ai **jamais** bu **de** boissons sucrées.

Avec les indéfinis *ne... rien / ne... personne*

Au présent

Tu **ne** fais **rien**.
Tu **n'**appelles **personne**.

Au passé composé

Tu **n'**as **rien** fait.
Tu **n'**as appelé **personne**.

La phrase interrogative

Les questions formelles

Pour poser une question formelle, on inverse le sujet et le verbe.

Au présent	Question informelle ou standard
Aimez-vous votre métier ?	Est-ce que **vous aimez** votre métier ?
Que **préférez-vous** aujourd'hui ?	Qu'est-ce que **vous préférez** aujourd'hui ?
Où **habitez-vous** ?	Où est-ce que **vous habitez** ?
Au passé composé	**Question informelle ou standard**
Comment **êtes-vous devenu** réalisateur ?	Comment est-ce que **vous êtes devenu** réalisateur ?
Quels métiers est-ce que **vous avez faits** ?	Quels métiers **avez-vous faits** ?

Les questions avec *combien*

Combien + sujet + verbe	*Combien de* + nom
Combien tu dépenses ?	**Combien de pièces** est-ce que tu as ?
Combien est-ce que **tu dépenses** ?	Tu as **combien de pièces** ?
Tu dépenses combien ?	**Combien de pièces** tu as ?

Tableaux de conjugaisons

	Présent	Passé composé	Futur simple
Être	Je suis Tu es Il/Elle/On est Nous sommes Vous êtes Ils/Elles sont	J'ai été Tu as été Il/Elle/On a été Nous avons été Vous avez été Ils/Elles ont été	Je serai Tu seras Il/Elle/On sera Nous serons Vous serez Ils/Elles seront
Avoir	J'ai Tu as Il/Elle/On a Nous avons Vous avez Ils/Elles ont	J'ai eu Tu as eu Il/Elle/On a eu Nous avons eu Vous avez eu Ils/Elles ont eu	J'aurai Tu auras Il/Elle/On aura Nous aurons Vous aurez Ils/Elles auront
Arriver	J'arrive Tu arrives Il/Elle/On arrive Nous arrivons Vous arrivez Ils/Elles arrivent	Je suis arrivé(e) Tu es arrivé(e) Il/Elle/On est arrivé(e)(s) Nous sommes arrivé(e)s Vous êtes arrivé(e)(s) Ils/Elles sont arrivé(e)s	J'arriverai Tu arriveras Il/Elle/On arrivera Nous arriverons Vous arriverez Ils/Elles arriveront
Se lever	Je me lève Tu te lèves Il/Elle/On se lève Nous nous levons Vous vous levez Ils/Elles se lèvent	Je me suis levé(e) Tu t'es levé(e) Il/Elle/On s'est levé(e)(s) Nous nous sommes levé(e)s Vous vous êtes levé(e)(s) Ils/Elles se sont levé(e)s	Je me lèverai Tu te lèveras Il/Elle/On se lèvera Nous nous lèverons Vous vous lèverez Ils/Elles se lèveront
Prendre	Je prends Tu prends Il/Elle/On prend Nous prenons Vous prenez Ils/Elles prennent	J'ai pris Tu as pris Il/Elle/On a pris Nous avons pris Vous avez pris Ils/Elles ont pris	Je prendrai Tu prendras Il/Elle/On prendra Nous prendrons Vous prendrez Ils/Elles prendront
Pouvoir	Je peux Tu peux Il/Elle/On peut Nous pouvons Vous pouvez Ils/Elles peuvent	J'ai pu Tu as pu Il/Elle/On a pu Nous avons pu Vous avez pu Ils/Elles ont pu	Je pourrai Tu pourras Il/Elle/On pourra Nous pourront Vous pourrez Ils/Elles pourront
Vouloir	Je veux Tu veux Il/Elle/On veut Nous voulons Vous voulez Ils/Elles veulent	J'ai voulu Tu as voulu Il/Elle/On a voulu Nous avons voulu Vous avez voulu Ils/Elles ont voulu	Je voudrai Tu voudras Il/Elle/On voudra Nous voudrons Vous voudrez Ils/Elles voudront
Devoir	Je dois Tu dois Il/Elle/On doit Nous devons Vous devez Ils/Elles doivent	J'ai dû Tu as dû Il/Elle/On a dû Nous avons dû Vous avez dû Ils/Elles ont dû	Je devrai Tu devras Il/Elle/On devra Nous devrons Vous devrez Ils/Elles devront